AF467623

GASTON LERICHE

# Nos Colonies

## TELLES QU'ELLES SONT

PARIS. — Ier

P.-V. STOCK, ÉDITEUR

(Ancienne Librairie TRESSE & STOCK)

27, RUE DE RICHELIEU, 27

1903

# Nos Colonies

# telles qu'elles sont

Ce volume a été déposé au Ministère de l'Intérieur (section de la librairie), en mai 1903.

---

De cet ouvrage, il a été tiré à part sur papier de Hollande cinq exemplaires numérotés et paraphés par l'éditeur.

---

Gaston LERICHE

# Nos Colonies TELLES QU'ELLES SONT

PARIS. — I
P.-V. STOCK, ÉDITEUR
(*Ancienne Librairie Tresse et Stock*)
27, RUE DE RICHELIEU

1903

# NOS COLONIES

## I

### INTRODUCTION

Ecrit sans prétention littéraire, au courant de la plume, ce livre ne vise qu'à faire connaître en France ce qui se passe dans les colonies françaises.

Les rapports officiels des gouverneurs, les discours prononcés dans des agapes de congratulation mutuelle, les articles insérés dans les journaux de la métropole — mal renseignés par des correspondants manquant totalement d'indépendance — les renseignements fournis par le Ministère des Colonies ou sa succursale l'Office Colonial, en donnent une idée si fausse, contiennent de tels mensonges ou de telles inepties que j'ai cru devoir écrire ce livre qui fera peut-être un peu de lumière, qui montrera ce que sont nos colonies et pour quel piètre résultat la France dépense chaque année des millions et des millions.

J'ai passé dix-huit ans aux colonies, j'y ai manqué ma vie et ruiné ma santé, mais je n'écris pas pour cela une œuvre de haine ou de vengeance. Ce livre ne me rendra pas ce que j'ai perdu, il ne pourra que m'attirer des colères et des inimitiés. Peu m'importe. Je l'écris quand même, sans me soucier des désagréments qu'il pourra m'occasionner. Je veux, comme à la barre du tribunal, n'être qu'un témoin qui dit la vérité, toute la vérité et rien que la vérité. Je veux dire ce que j'ai vu, ce qui se passait hier, ce qui se passe aujourd'hui, ce qui se passera encore demain si l'on n'y met ordre. Je veux que le contribuable français sache à quoi sert le produit des impôts dont on l'accable, et la sarabande effrénée qu'on fait danser aux écus que le percepteur lui arrache. Je veux que nos jeunes gens, aujourd'hui trompés par d'officielles promesses, par de mensongers discours, sachent bien, avant de partir pour les colonies, qu'ils ont tout à y perdre et rien à y gagner tant que notre organisation coloniale n'aura pas été complètement transformée.

Ce livre est un livre de critique, non un livre de polémique, aussi ne citerai-je aucun nom. Notre organisation coloniale est mauvaise, peu importe que les fautes commises l'aient été par Pierre ou par Paul. Je ne demande la tête de personne, mais seulement des réformes.

Je n'écris pas un livre anti-colonial, j'écris un livre vrai, sincère. Je ne demande pas à la France de renoncer à avoir des colonies ni à ses enfants de renoncer à s'y rendre ; je me contente de dépeindre notre empire colonial tel qu'il est, convaincu que c'est le seul moyen d'obtenir les réformes qui s'imposent. Ce n'est pas en répétant journellement, en de pompeux discours prononcés dans de non moins pompeux banquets, que nos colonies seront prospères, qu'on fera qu'elles le soient. C'est au contraire en montrant le mal qu'on forcera le gouvernement à chercher le remède et à l'appliquer. Un médecin qui dirait à son client, gravement atteint, qu'il a une santé superbe, qu'il n'a besoin d'aucun traitement, serait un fieffé coquin. C'est pourtant ce que font nos gouvernants en affirmant que nos colonies sont prospères alors qu'ils n'ignorent pas, ou, pour certains, ne devraient pas ignorer que rien n'est plus faux et que ce manteau officiel de prospérité dont on les couvre n'est destiné qu'à cacher leur misère, leur état lamentable.

Je crois préférable de dire la vérité, si dure soit-elle, et d'étaler en public nos plaies coloniales. Si j'obtiens qu'on les guérisse, ou tout au moins qu'on les soigne, je serai payé de mon labeur et ce me sera une douce consolation de penser que mon long séjour aux colonies n'aura pas été tout à fait inutile, puisqu'il évitera à autrui les désillusions et les déboires dont, ainsi que tant d'autres j'ai souffert.

## II

### CE QUE COUTENT LES COLONIES

Celui qui croit à la sincérité des chiffres officiels peut encore, dans sa naïveté, se figurer que nos colonies ne grèvent pas trop lourdement le budget français. Si, par exemple, on jette les yeux sur celui de 1903, on voit que le budget des colonies n'y figure que pour la somme, relativement minime, de cent douze millions et demi, dans les quels les dépenses du Ministère des Colonies entrent pour trois millions environ.

Ce serait peu s'il rendait quelque service, c'est beaucoup quand on songe qu'il n'en rend aucun et ne sert, en réalité, qu'à procurer de douces sinécures à un certain nombre de protégés auxquels on donne de très jolis appointements pour venir, deux ou trois heures par jour, faire acte de présence dans un bureau, se gratter les ongles, lire les journaux et fumer force cigarettes. Les plus petits employés — ceux qu'on rétribue à peine — expédient la besogne courante ; les autres : chefs de bureau, sous-chefs, chefs de division, etc., etc., se contentent de donner des signatures et de faire quelques observations à leurs subalternes pour que ceux-ci ne puissent oublier qu'ils ne sont que d'infimes fonctionnaires.

Celui qui croirait que nos colonies ne nous coûtent que cent douze millions par an, chiffre inscrit au projet de budget de 1903, serait dans l'erreur la plus grossière.

On répète volontiers, dans les milieux officiels et officieux, que certaines colonies se suffisent à elles-mêmes, et qu'il en est même — comme l'Indo-Chine — qui, sous forme de contribution, remboursent à la métropole une partie de ses dépenses militaires. C'est du bluff, pas autre chose, et les onze millions et demi que l'Indo-Chine verse annuellement à la mère-patrie ne compensent pas pour un dixième les dépenses qu'elle lui occasionne.

Si, en effet, on prend la peine d'y regarder d'un peu près, on s'aperçoit que mille et une dépenses, éparses dans les différents budgets, sont imputables en droit à celui des colonies.

La défense de celles-ci nécessite de la part de la France une flotte dix fois supérieure à celle qui lui serait nécessaire si elle n'avait pas de colonies. Logiquement donc les neuf dixièmes des dépenses de la marine devraient être imputés au budget des colonies.

Les ports de guerre, dépôts de charbon, arsenaux, bassins de radoub, etc., qu'on crée chaque jour aux colonies et dont la dépense est imputée au budget de la marine, sont nécessités uniquement par le besoin de mettre nos colonies en état de défense. Les officiers et marins qui font partie des divisions des mers de Chine, des Antilles, etc., sont payés par le budget de la marine ; c'est autant d'unités qui feraient défaut à la métropole si une guerre européenne venait à éclater, et c'est, par suite, autant qu'il conviendrait d'ajouter aux dépenses coloniales.

Le même raisonnement s'applique tout naturellement aussi bien à l'armée de terre qu'à la marine ; les régiments qui défendent nos colonies sont autant de forces vives perdues pour la métropole, et les dépenses que nécessitent ces régiments — ces dépenses sont lourdes si l'on pense aux frais de transport d'hommes et de matériel, rapatriements, hôpitaux, etc., qu'ils entraînent — devraient encore s'appeler « dépenses coloniales ».

Un officier qui sort de Saint-Cyr, un ingénieur qui sort de Polytechnique, un vétérinaire qui sort d'Alfort, etc., sont des hommes qui reviennent fort cher à notre budget ; leur envoi aux colonies, aussi bien dans les administrations civiles que dans l'armée, est encore une perte sèche pour la France, perte d'argent et perte d'hommes de valeur qui lui auraient rendu des services.

La richesse d'une nation se compose d'un capital-argent et d'un capital-intelligence, l'un étant aussi précieux que l'autre. En envoyant une partie de cette richesse aux colonies, la France s'appauvrit d'autant.

Si, sous une forme quelconque, les colonies rapportaient à la métropole, ce ne serait pas une perte mais un placement ; malheureusement, nos colonies ne nous rapportent rien, et la France, en y envoyant une partie de sa fortune, fait un placement à fonds perdus.

A ces dépenses qui viennent augmenter déjà dans de formidables proportions les dépenses coloniales, il faudrait en ajouter bien d'autres :

Les expéditions coloniales, telles que celles du Tonkin et de Madagascar, ont coûté des sommes colossales. Les cataclysmes fréquents qui surviennent dans nos colonies et dont le produit de souscriptions publiques faites en France va soulager les victimes, sont encore une cause d'affaiblissement de la richesse nationale. Les sociétés du genre de la « Société de secours aux militaires coloniaux » ne vivent que de la générosité des Français de la métropole ; la « Société des Femmes de France » envoie chaque année des provisions de toutes sortes aux troupes coloniales ; les hôpitaux de Paris, de Toulon et de tous les ports de guerre regorgent de militaires coloniaux terrassés par leur séjour sous des climats meurtriers; les pensions à payer aux veuves et orphelins des officiers morts aux colonies; les bureaux de tabac ou compensations quelconques que le gouvernement accorde aux veuves de fonctionnaires coloniaux décédés avant d'avoir droit à la retraite; les missions plus ou moins inutiles qui sont à tout moment envoyées par le ministère de l'Instruction Publique, des Beaux-Arts, des Finances ou par d'autres; les bourses qui sont payées par la métropole pour l'Ecole coloniale; les subventions aux grandes compagnies de navigation, les primes, les câbles sous-marins et mille autres dépenses dont l'énumération exigerait des pages et des pages, sont encore et toujours des « dépenses coloniales ».

Si l'on faisait le total de toutes ces dépenses on s'apercevrait alors que ce n'est pas cent douze millions seulement que nous coûtent nos colonies, mais trois ou quatre fois plus.

Nous verrons par la suite ce qu'elles rapportent !

## III

### LA MORTALITÉ

Nous venons de voir ce que les colonies coûtent à la métropole en tant qu'argent ; voyons maintenant ce qu'elles lui coûtent en hommes.

Disons-le très net : la mortalité aux colonies est fort élevée.

Il est bien entendu que quand nous disons « colonies » nous ne parlons pas de l'Algérie et de la Tunisie qui ne sont en réalité qu'un prolongement de la mère-patrie et qui, à proprement parler, ne font pas partie des colonies françaises. La mortalité en Algérie et en Tunisie n'est guère plus élevée qu'en France, mais dans les autres colonies il n'en est malheureusement pas de même. Certaines, comme le Soudan, sont de véritables cimetières, et c'est un crime que d'y envoyer mourir nos enfants, sans aucun profit pour personne. Dans d'autres, comme le Sénégal, Madagascar, l'Indo-Chine, etc., la mortalité est considérable.

Certes, si l'on s'en rapporte aux statistiques officielles, le chiffre de la mortalité, quoiqu'élevé, n'est pas énorme. Mais ces statistiques mentent, elles sont hypocritement établies pour les besoins de la cause et n'ont aucun rapport avec la réalité.

Il m'est arrivé maintes fois, avec des amis, de faire de petites statistiques bien simples. Nous recherchions, tout bonnement, combien vivaient encore de ceux qui étaient venus en Indo-Chine sur le même navire que nous. Pour quelques-uns il n'en restait pas, tous étaient morts; pour d'autres, il en restait trois ou quatre, sur trente ou quarante!

Oh! les statistiques officielles sont établies avec une simplicité sans égale. Elles vous disent, par exemple: « En 1902, il y avait en Indo-Chine 10.000 Européens, il en est mort 500, la mortalité est donc de cinq pour cent ». Ainsi présenté, le chiffre de la mortalité ne paraît pas effrayant, mais comptons autrement, sincèrement, en prenant pour bases les mêmes chiffres.

En 1902, il y avait en Indo-Chine 10.000 Européens, il en est mort 500, il en reste donc 9.500. Mais ces 9.500 survivants ne quittent pas pour cela l'Indo-Chine, ils y sont attachés par leurs fonctions ou par leurs affaires et, pour qu'ils atteignent l'heure de la mise à la retraite ou de la petite fortune leur permettant d'aller vivre en France, il faut qu'ils y restent quinze ou vingt ans. Or, sur ces 9.500 il en mourra encore cinq pour cent en 1903, il n'en restera donc plus, au 31 décembre de cette même année, que 9.025. En répétant ce calcul pour une durée de quinze années, on arrive à ce résultat que sur les 10.000 Européens qui se trouvaient en Indo-Chine au 1er janvier 1902 il n'en restera plus que 4.638 au 31 décembre 1910. C'est donc sur une mortalité d'environ cinquante-cinq pour cent qu'il faut compter pour les Européens qui vont en Indo-Chine pour quinze ans ! Nous voilà loin du chiffre de cinq pour cent qui, tout à l'heure, nous était indiqué par l'administration.

Le calcul que je viens d'établir me semble irréfutable et, quoiqu'effrayant, il est encore au-dessous de la réalité. En effet, l'Indo-Chine n'est pas un pays où l'Européen s'acclimate, au contraire. Les premières années sont assez faciles à supporter ; l'homme arrivant jeune, vigoureux, les organes sains, tient bon généralement pendant trois ou quatre ans. Mais peu à peu tout se détraque, un beau jour c'est l'estomac qui ne fonctionne plus, et bientôt surviennent les maladies qui en découlent : gastralgie, dyspepsie, dilatation ; ensuite c'est l'intestin : dyarrhée, dysenterie, appendicite ; puis le foie : engorgement, abcès; et enfin, comme contingent inévitable, l'anémie tropicale, les fièvres. Quand l'Européen a habité dix ans l'Indo-Chine, qu'il a eu successivement dyarrhée, dysenterie, maladie de foie, etc., il est mûr pour le grand voyage et la moindre des choses l'emporte. Il faudrait donc pour établir une statistique tout à fait exacte partir de ce principe que si l'on compte cinq pour cent de mortalité pour la première année de séjour, il faudrait augmenter cette proportion au fur et à mesure que celui-ci se prolonge, et je pose en fait qu'après quinze années de séjour, vingt-cinq pour cent à peine ont résisté. Ils sont encore vivants, mais ils sont usés prématurément et ne profiteront pas longtemps de leur retraite.

La statistique officielle, qui accuse par exemple une mortalité de cinq pour cent, paraît juste au premier abord, il n'est pas discutable que lorsque sur 10.000 personnes il en meurt 500, la proportion est bien de cinq pour cent, mais, je le répète, je me place à un point de vue différent. Je dis ceci : les personnes qui vont s'établir en Indo-Chine, aussi bien dans l'administration que dans le commerce, ont un minimum de quinze années à y passer ; je demande quelle sera, après ces quinze ans, la proportion des survivants? Voilà ce que l'administration ne dit pas dans ses statistiques, et c'est pourtant là qu'est la question.

Qu'on ajoute à cela qu'il n'arrive dans la colonie que des hommes jeunes, dans toute la force de l'âge, qu'il n'y a pas de vieillards, peu d'enfants et l'on verra si je n'avais pas raison en disant, au début de ce chapitre, que la mortalité était effrayante aux colonies.

Du reste, si l'administration ne veut pas admettre la réalité de ce que je viens d'avancer, je lui offre le moyen que voici d'obtenir une statistique réelle : qu'elle fasse établir pour l'Indo-Chine des tableaux indiquant pour une période de dix ans, de 1880 à 1889 par exemple, le nom de tous ceux qui ont été admis dans l'administration et qu'elle fasse indiquer, en regard, ce qu'ils sont devenus. Cette statistique, qui fixerait d'une façon indiscutable le chiffre de la mortalité dans ladite colonie, je la mets au défi de la faire établir.

A côté de ces tableaux de mortalité en

Indo-Chine, que l'administration fasse faire le même travail pour la France ; qu'elle fasse dresser, pour un service quelconque, des tableaux des employés qui y ont été admis pendant la même période de 1880 à 1889 et qu'elle fasse indiquer en regard ce qu'ils étaient devenus au bout de quinze ans également. Elle aura ainsi fait la contre-épreuve et pourra alors nous dire la différence de la mortalité en France et en Indo-Chine.

Elle pourra ensuite, pendant qu'elle y sera, faire faire le même travail pour le Soudan !

*
* *

Mais, me dira-t-on, pourquoi l'administration déguise-t-elle la vérité ? Pourquoi ne publie-t-elle que des statistiques incomplètes, faussées à plaisir ?

La réponse est fort simple.

Il est facile de comprendre qu'aux colonies la mortalité est moindre pour les hauts fonctionnaires que pour les petits. Il n'est même pas besoin d'y être allé pour se rendre compte qu'un directeur des douanes par exemple, qui vit à Saigon ou à Hanoï, entouré de domestiques de toutes catégories ; qui a un hôtel superbe, des chevaux et voitures à profusion ; a à sa table, les meilleurs morceaux, les primeurs que les courriers apportent dans des appareils frigorifiques, les meilleurs vins ; sur son bureau, un ventilateur électrique pour n'être pas incommodé par la chaleur ; dans sa chambre, un autre ventilateur pour en rafraîchir la température et reposer confortablement ; qui, à la moindre indisposition, fait appeler le meilleur médecin ; qui se déplace quand il veut changer d'air, etc., etc., celui-là dis-je, a beaucoup plus de chances de se bien porter que le malheureux pré-posé qu'on envoie habiter seul, dans la brousse, une misérable case en bambous sur le bord d'un arroyo ; qui boit une eau infectée de tous les microbes possibles ; qui est obligé de faire lui-même du pain — et quel pain — s'il veut en manger ; qui, s'il est malade, devra d'abord avertir son chef de service qui le fera, peut-être, remplacer pour lui permettre, après plusieurs jours de voyage en barque ou en charrette à bœufs, d'aller se présenter à la visite d'un médecin ; qui, en un mot, souffre de toutes les privations, de toutes les intempéries.

Dans ces conditions, le haut fonctionnaire, qui a charge de faire établir les statistiques, se garde bien d'approfondir. Pour lui, la colonie est la poule aux œufs d'or ; il y vit bien, il est grassement payé, il aura dans la suite une forte retraite et, à son point de vue, tout est pour le mieux dans la meilleure des colonies.

Que lui importent quelques vagues humanités ! Pour lui, le séjour aux colonies n'est pas bien dangereux : s'il se porte bien, il y reste, s'il se sent un peu malade, il prend passage à bord du premier courrier qui, dans une cabine de luxe, le rapatrie très confortablement en France. S'il va mieux, il reviendra dans la colonie, sinon il se fera envoyer dans une autre, plus saine, ou bien permutera avec un haut fonctionnaire de la métropole désireux d'aller refaire ses finances aux colonies.

Ceci établi, que les hauts fonctionnaires n'ont presque rien à craindre d'un séjour colonial, il n'est pas difficile de comprendre que toutes les statistiques qu'ils établiront et que tous les rapports qu'ils adresseront au Ministère des Colonies seront d'un optimisme sans égal : le climat sera très sain, la colonisation fera de rapides progrès, l'avenir économique apparaîtra comme très brillant, etc., etc.

Le ministre, de son côté, qui n'a jamais été plus loin que Trouville ou Nice; qui n'a pour se renseigner sur les colonies que les rapports dont je viens de parler, y ajoute une foi pleine et entière, et si par hasard quelqu'indiscret député se permet de l'interpeller à la Chambre et de dire que, de renseignements qu'il a reçus, ou d'un article de journal, il parait résulter que tout ne va pas très bien en Indo-Chine, au Soudan ou à Madagascar, il a tôt fait de lui clore la bouche par des rapports et des chiffres on ne peut plus officiels.

Et le tour est joué !

## IV

### L'ADMINISTRATION

L'administration est, actuellement, la véritable raison d'être des colonies; celles-ci ne sont en effet que des « prétextes à fonctionnaires » et n'ont pas d'autre but.

Il n'y a que dans les discours que l'on parle d'ouvrir de nouveaux débouchés à l'industrie nationale, de favoriser le commerce, de mettre en valeur des pays neufs, de défricher des terres incultes, etc. Tout cela n'est que de la poudre aux yeux, c'est le boniment destiné à tromper le bon gogo, à faire voter les crédits. Mais, pour qui a fréquenté un tant soit peu les ministères, les couloirs de la Chambre, les salons des députés ou des sénateurs, la seule utilité des colonies est de permettre d'y trouver des emplois pour satisfaire quelques-unes des innombrables demandes qui se produisent journellement.

La France est un pays de fonctionnaires, et c'est le plus cher désir de presque tous les pères de famille de voir leur fils entrer dans l'ad-mi-nis-tra-tion.

On n'y parvient qu'avec beaucoup de peine ; mais une fois entré dans la place on est assuré de n'en plus sortir. Il faudrait qu'un fonctionnaire ait *au moins* assassiné quelqu'un pour qu'on se décidât à le révoquer, et les plus graves manquements, l'incapacité notoire, la paresse la plus caractérisée ne sont motifs qu'à de simples blâmes. Oui, il est difficile, tant les candidats sont nombreux, d'entrer dans l'administration mais, une fois ce pas difficile franchi, l'avenir est assuré ; il n'y a plus qu'à se laisser vivre, l'avancement arrive à son heure et la retraite aussi.

C'est pourquoi tant de pères de famille rêvent de faire de leurs fils des fonctionnaires ou de marier leurs filles avec des employés d'administration, et c'est pourquoi aussi les ministres, sénateurs et députés, sont assaillis de demandes. Ah ! c'est qu'il faut payer leur élection ! Ils n'ont pas été chiches de promesses pendant la période électorale, il faut les tenir maintenant autant que possible, s'ils veulent assurer leur réélection, et c'est à quoi ils s'emploient.

*
* *

En dehors des parlementaires, il y a aussi les hauts fonctionnaires des colonies. Ceux-là également sont sollicités par des parents ou des amis de trouver une situation pour un cousin ou un neveu. Aussi, quand le gouverneur d'une colonie est breton, par exemple, voit-on bientôt arriver des pleins bateaux de bretons, de corses s'il est corse, de créoles s'il est créole. C'est la course au clocher, et chacun profite de ce qu'un de ses amis ou compatriotes est au pouvoir pour essayer de décrocher la place tant enviée.

Sollicités de tous côtés, les gouverneurs de colonies essayent de satisfaire au moins en partie à toutes ces demandes et le résultat est, chaque année, l'augmentation du nombre des fonctionnaires ; les services sont doublés, on en crée de nouveaux ; à tout prix il faut caser le protégé du ministre X... ou le cousin du député Y... et on le case. Périssent les colonies, mais vivent les fonctionnaires !

*
* *

A côté de la question « quantité » il y a aussi la question « qualité » des fonctionnaires coloniaux. On pense bien qu'un tel recrutement doit donner des résultats déplorables !

Peu importe, en effet, à celui qui sollicite un emploi, qu'il entre dans telle administration ou dans telle autre ; peu importe également à celui qui le case de savoir s'il a des aptitudes spéciales, si ses études le désignent plutôt pour un service que pour un autre, cela n'a aucune importance. Que demande le solliciteur ? A émarger en fin de mois, à devenir budgétivore ; on le lui accorde et il n'en demande pas davantage. C'est en procédant ainsi qu'on trouvera dans le service des douanes, par exemple, d'anciens députés non réélus, des étudiants en médecine, des pharmaciens, des publicistes, des avocats, des cultivateurs, etc. Les uns sont très jeunes, les autres très vieux, d'aucuns même sont des retraités d'autres administrations de la métropole qui ne peuvent se résoudre à se contenter de leur retraite. Tout cela, encore une fois, n'a pas la moindre importance, et l'on ne s'en préoccupe même pas au moment des nominations. Il ne s'agit pas de savoir si un candidat est apte à remplir telle ou telle fonction, il s'agit seulement de savoir par qui il est recommandé. Toute la question est là !

On procède du reste ainsi du haut en bas de l'échelle administrative et c'est là, à mon avis, la principale cause de la mauvaise administration de nos colonies. Il existe, par exemple, un corps de gouverneurs des colonies : il semblerait rationnel d'y puiser quand on a un gouverneur à nommer. Ce serait trop simple, et surtout cela ne ferait pas l'affaire de nos ministres qui ont, de leur côté, de gros pontes à caser.

Tel personnage politique est devenu gênant, on s'en débarrasse en le bombardant Gouverneur général d'une colonie ; tel député n'a pas été réélu, on en fait un sous-directeur des douanes ; tel chef des services administratifs ne croit pas avoir une retraite suffisante pour élever sa nombreuse famille, on crée tout exprès pour lui un service aussi nouveau qu'inutile, et dont il est nommé directeur, et ainsi de suite.

Nous voyons donc arriver à la tête d'un service un directeur qui ignore tout de ce service ; qui tombe, tel un aérolithe, dans un pays dont il ignore aussi bien la géographie que la langue et les mœurs, et qui a sous ses ordres des fonctionnaires dont les trois quarts n'en connaissent pas plus long que lui !

Je n'ai pas l'intention de plagier le colonel Ramollot qui trouvait que tant qu'on prendrait des civils pour faire des militaires, rien ne pourrait marcher ; mais dans toute administration il y a une hiérarchie et si, au lieu d'aller recruter dans toutes les classes de la société des fonctionnaires inaptes à remplir les fonctions qu'on leur confie, on procédait, comme on devrait le faire, hiérarchiquement, je crois que l'administration ne pourrait que s'en bien trouver.

Dans l'armée c'est toujours parmi les sous-lieutenants qu'on choisit les lieutenants et dans les colonels qu'on prend les généraux. Personne n'admettrait que l'on nomme capitaine ou chef de bataillon un député non réélu ou un financier ayant eu des malheurs. Cette monstruosité apparaît pourtant tous les jours dans l'administration coloniale, au grand détriment de nos colonies en général et des fonctionnaires locaux en particulier, qui se voient ainsi supprimer toute chance d'avancement.

Tant qu'on n'aura pas fermé la porte aux intrus et qu'on ne sera pas fermement décidé à procéder aux nominations d'une façon normale, c'est-à-dire hiérarchiquement, il n'y aura pas d'administration sérieuse possible aux colonies.

Les Anglais opèrent de toute autre façon le recrutement de leurs fonctionnaires coloniaux ; le « pistonnage » n'a pas cours chez eux, le mérite seul est un titre. Ils n'envoient pas dans leurs colonies les « fruits secs » récoltés de ci de là au hasard des recommandations, mais l'élite de leurs jeunes fonctionnaires. L'Inde, par exemple, dispose de quelques emplois : le gouverneur de cette colonie avise l'*Indian Office* de Londres, lequel, après un examen approfondi des titres des candidats, fait son choix et dirige sur la colonie ceux qu'il a agréés. A partir de ce moment le surnuméraire appartient à l'administration de l'Inde anglaise et le ministère n'aura plus à intervenir dans sa carrière ; il ne sera pas envoyé tantôt en Australie, tantôt au Cap : fonctionnaire de l'Inde il est, fonctionnaire de l'Inde il restera.

Arrivé à destination, le surnuméraire est tenu, avant d'occuper une fonction quelconque, de faire un stage ; il apprend la langue du pays, ce qui lui évitera dans la suite d'être l'esclave des interprètes, il en étudie les mœurs, les coutumes, le droit, l'histoire, la législation, sous la direction de vieux fonctionnaires locaux, rompus aux règles administratives et aux usages. Quand son stage est terminé, il lui faut se présenter à des examens très sérieux, et, s'il est reçu, il est alors nommé à titre définitif, soit comme administrateur, soit comme magistrat. On ne voit pas, comme dans nos colonies, des jeunes gens d'une vingtaine d'années, encore imberbes, arrivés la veille de France, siéger dans un tribunal et trancher en juges infaillibles des différends parfois très graves.

En outre, le fonctionnaire anglais ne passe pas la moitié de son temps en voyages et en congés, comme le font beaucoup de fonctionnaires français ; il est beaucoup plus stable et cela pour les raisons suivantes :

1° S'il appartient à l'*Indian Civile Service*, par exemple, c'est aux Indes qu'il lui faudra faire toute sa carrière ; il ne dépend que de cette colonie et c'est elle qui aura à assurer sa retraite ; c'est un fonctionnaire local, comme devraient l'être tous les fonctionnaires coloniaux.

2° Il n'a droit à un congé en Europe que tous les cinq ans. Si, pendant son séjour, il tombe malade, il pourra obtenir de petits congés, mais dont la durée ne lui permettrait pas de rentrer dans la métropole ; il a, du reste, à sa disposition des sanatoria fort bien organisés, et c'est là qu'il ira se soigner.

3° Ses voyages et ceux de sa famille sont à ses frais. Les fonctionnaires anglais sont mieux payés que les fonctionnaires français, mais, toujours pratique, l'administration anglaise ne veut pas avoir de faux frais et c'est au fonctionnaire de payer ses voyages s'il lui plaît de rentrer en Europe. Aux colonies françaises, au contraire, la « princesse » payant les voyages, il est des fonctionnaires qui en font continuellement. Très adroits, ils font succéder les congés de convalescence aux congés administratifs, retournent toucher barre dans la colonie, entrent à l'hôpital le lendemain de leur arrivée et repartent en congé de convalescence. Il en est qui pratiquent ce sport avec une telle maëstria qu'ils n'ont pour ainsi dire jamais fait de service! Pour d'autres, c'est l'administration elle-même qui, ne pouvant utiliser leurs services, prête la main à ce petit jeu et, pour ne pas les voir inoccupés dans la colonie, leur fait octroyer tous les congés possibles.

Il n'est pas besoin d'être très ferré en matière coloniale pour comprendre que le recrutement des fonctionnaires anglais est supérieur au recrutement des fonctionnaires français et pour en déduire que les colonies anglaises sont, par suite, mieux administrées que les nôtres.

Je dois signaler aussi le grave défaut que présente ce système actuel de placer des hommes politiques à la tête de nos colonies.

Autrefois la Cochinchine, par exemple, était gouvernée par un amiral ; ce système présentait ses inconvénients et je n'aurai garde de le recommander, mais il avait au moins un avantage : l'amiral avait ses coudées franches. Si le Département n'était pas satisfait de ses services comme gouverneur, il le rappelait et celui-ci reprenait son rang d'amiral. Il n'en est pas de même aujourd'hui. Le gouverneur-homme politique, n'a rien derrière lui, il craint toujours, si l'on venait à le rappeler en France, de se trouver, comme jadis Jérôme Paturot, à la recherche d'une position sociale, et comme il n'est pas riche — c'est presque toujours pour cette raison qu'il a accepté le poste qu'on lui offrait aux colonies — il fait tout ce qui est en son pouvoir pour se maintenir dans son fromage. Comme le plus petit et peut-être plus âprement, comme le plus infime des fonctionnaires, il tient avant tout à sa situation. Le problème qui se pose pour lui n'est pas de gouverner sagement une colonie, d'asseoir ses finances, d'assurer son avenir, il consiste uniquement à se concilier les ministres, députés et sénateurs influents, à se créer un noyau de défenseurs qui viendraient à son secours si sa situation était compromise. C'est naturellement, et toujours, la « princesse » qui fait les frais de ces petits services qui, selon la Sagesse des Nations, entretiennent l'amitié.

Tel ministre a fait comprendre au gouverneur d'une colonie qu'il lui serait agréable de voir renouveler le contrat de telle grande compagnie ; aussitôt, et quoique ce contrat soit très onéreux pour la colonie, il est renouvelé en un tour de main, quelquefois cinq ou six ans avant son expiration !

Tel député influent adresse à un gouverneur un entrepreneur de grands travaux qui a fait de grosses pertes d'argent en France et lui demande de faire quelque chose pour « cet ami ». Aussitôt le gouverneur lui trouve une bonne petite affaire, par exemple le défrichement d'une section de voie ferrée projetée. Au besoin, pour lui faciliter le travail, on aura soin de lui choisir un terrain où il n'y aura pas même un brin d'herbe !

Ce n'est que grâce à toutes ces compromissions qu'un gouverneur-homme politique se maintient au pouvoir et c'est aussi avec toutes ces compromissions qu'on ruine une colonie.

*
* *

Enfin j'ajouterai que ce n'est pas en envoyant des hommes politiques à la côte dans les colonies, en les rappelant brutalement du jour au lendemain, comme on congédie un domestique, qu'on relèvera le prestige du nom français. Ce sera bientôt à se croire en Haïti où tous les fonctionnaires sont changés à chaque révolution. Comme celles-ci se suivent sans interruption, les fonctionnaires ne restent pas longtemps en place !

Les étrangers et les indigènes lisent les journaux, ils savent ce qui se passe en France, et quand ils voient arriver à la tête d'une colonie un homme que rien ne désignait pour ces hautes fonctions, leur estime pour le nom français n'en est pas accrue, au contraire.

Ces mœurs politiques déplorables nous font à l'étranger un tort considérable, la France sera bientôt, si l'on n'y met ordre, rangée parmi les nations en décadence, quelque chose comme l'Espagne ou la Turquie.

## V

### L'ARMÉE

Le fait, pour une puissance, de posséder un empire colonial, entraîne évidemment la nécessité d'avoir une armée coloniale. C'est une lourde charge, hors de proportion actuellement avec le revenu insignifiant de nos colonies. Il n'est pas possible de supprimer les dépenses militaires, mais il serait facile de les réduire en constituant une véritable « armée coloniale » qui n'existe guère aujourd'hui que de nom.

La plus grosse dépense occasionnée par l'entretien des troupes aux colonies est certainement la « relève ». Le prix de transport d'un homme de Paris à Nouméa, à Cayenne ou à Hanoï est, on s'en doute, très élevé. Il faut donc arriver à en transporter le moins possible ; pour cela deux moyens se présentent :

1° Assurer aux troupes composées de contingents français un meilleur état de santé et éviter ainsi les rapatriements de malades.

2° Augmenter l'effectif des troupes indigènes pour pouvoir réduire celui des troupes françaises.

La mortalité et les cas de maladie sont très élevés parmi les troupes coloniales :

la cause en est presque entièrement attribuable à ce qu'on envoie aux colonies des soldats trop jeunes. Le jeune soldat ne comprend pas que le séjour des climats tropicaux exige, sous peine de mort, des précautions continuelles, une grande sobriété et une hygiène absolue. L'insouciance de son âge le porte à faire fi des recommandations qui lui sont faites; il négligera de coucher avec sa ceinture de flanelle; en route, il boira la première eau qu'il trouvera, sans s'inquiéter de savoir si elle est ou non potable; il mangera toutes les crudités qu'il pourra se procurer : pastèques, concombres, fruits verts, etc.; il se moquera de la recommandation à lui faite, de garder son casque tant qu'il y a encore le moindre rayon de soleil; il fréquentera, sans la moindre précaution, les pires maisons de tolérance; il s'enivrera de boissons innomables comme seuls savent en fabriquer les mercantis juifs, chinois ou autres qui vendent à boire aux soldats. Résultat inévitable : quelques mois après son arrivée dans la colonie il sera à l'hôpital, d'où il sortira peut-être par la porte de derrière ! S'il meurt, il faudra en faire venir un autre pour le remplacer; s'il guérit — à peu près — il faudra l'envoyer en convalescence en France.

Avec le vieux soldat il n'en va plus de même. Celui-là a plus d'expérience, plus de raison. En route, il saura prendre toutes les précautions possibles; il soignera sa table et ne négligera pas de faire la soupe, comme le ferait le jeune soldat pour éviter la peine d'aller chercher du bois, de faire du feu, etc.; il se gardera bien de quitter sa ceinture ; en un mot, il sera aussi prudent que le jeune soldat l'est peu ; résultat : il se portera bien et accomplira son séjour complet sans passer par l'hôpital et sans avoir besoin de congé de convalescence.

La campagne de Madagascar a coûté à la France 6.000 hommes parmi lesquels il n'y en a peut-être pas 100 qui aient été tués par l'ennemi ; tous sont tombés le long des routes, terrassés par la fièvre et la dysenterie. Avec de vieux soldats on n'aurait pas perdu 500 hommes.

Je dois reconnaître que le Département est déjà entré dans cette voie en décidant de ne plus envoyer aux colonies de jeunes gens au-dessous de vingt et un ans ; c'est quelque chose, mais ce n'est pas assez. L'armée coloniale devrait être composée, uniquement, de soldats rengagés et des régiments de la Légion Etrangère. La place de ces derniers n'est pas en Algérie, où l'on n'en a pas besoin et où les zouaves seraient beaucoup plus à leur place qu'en France. Quant aux soldats rengagés, il serait facile d'en avoir aux colonies autant qu'on en voudrait, si on leur y faisait une existence acceptable. La question de solde n'est pas capitale, à mon avis, elle n'est que secondaire ; l'essentiel serait de les traiter un peu mieux, en hommes libres qui ont accepté la vie militaire comme une profession, et non en machines à obéir, qu'on mène brutalement et sans pitié. A quoi bon faire faire tous les jours l'exercice à un soldat qui a cinq ou dix ans de service? A quoi bon lui rabâcher sempiternellement les mêmes théories? On n'arrive ainsi qu'à lui rendre le métier militaire odieux et c'est là le seul résultat d'un militarisme à outrance.

Le soldat rengagé de l'armée coloniale devrait être traité autrement. Il suffirait qu'on entretienne ses qualités militaires par des exercices hebdomadaires par exemple, des marches deux fois par semaine, des revues mensuelles. Il devrait être autorisé à se marier ou même à cohabiter avec une femme indigène — cela se fait dans les colonies hollandaises — et ce serait le seul moyen de faire diminuer le nombre effrayant « d'avariés » qu'on trouve dans les troupes coloniales; à travailler pour le civil en dehors des heures consacrées aux marches ou exercices ; à avoir un petit jardin qu'il cultiverait lui-même ; à toucher son prêt franc ; à avoir sa chambre à la caserne et manger chez lui s'il est en puissance de femme, etc., etc. En procédant ainsi, bien des soldats à la veille d'être libérés ou même déjà libérés rengageraient dans l'armée coloniale ; ils s'y feraient une existence modeste mais exempte de soucis, et leurs chefs pourraient compter sur eux aussi bien et même mieux que sur de jeunes soldats le jour où l'on en aurait besoin. Tout le monde y trouverait son compte : les soldats rengagés qui se déclareraient satisfaits de leur sort et les colonies qui verraient leur défense assurée par des hommes éprouvés, mûrs, sur lesquels on pourrait compter.

A côté de ce noyau de troupes d'élite qui serait composé par les régiments coloniaux tels que je viens de les décrire, on pourrait augmenter le nombre des régiments indigènes qui seraient, eux, composés d'engagés et de rengagés. Les troupes indigènes, solidement encadrées, sont bonnes, à la condition toutefois que l'on ne fasse pas tenir garnison aux hommes dans le pays même dont ils sont originaires et où ils ont leur famille et leurs amis. Il serait facile d'envoyer les Annamites de Cochinchine au Tonkin, les Soudanais au Congo, etc. Les frais de transport de ces troupes seraient peu onéreux et ces petits déplacements seraient suffisants pour qu'on n'ait pas à craindre de les voir refuser de marcher en cas d'insurrection ou désorter en cas de guerre. Ils seraient assez dépaysés sans l'être trop et l'on pourrait compter sur leur concours.

Avec une armée coloniale ainsi composée, on verrait les dépenses militaires réduites dans de fortes proportions, sans compromettre en rien la sécurité de nos possessions.

Dans les colonies, c'est-à-dire dans des régions où le climat est le plus grand ennemi, je crois pouvoir affirmer que la qualité des troupes est plus importante que la quantité. Avec des régiments composés exclusivement de rengagés, c'est-à-dire d'hommes faits, capables de résister aux fatigues, on serait assuré, en envoyant mille hommes sur un point menacé, qu'il en arriverait mille ou à peu près ; avec de jeunes soldats il en arriverait cinq cents au plus, le reste n'ayant pas résisté aux premières étapes.

*
* *

L'armée est indispensable aux colonies, nul n'en doute, mais il est non moins indispensable qu'elle soit toujours placée sous la suprématie civile et il n'est plus admissible à notre époque de voir encore des colonies gouvernées par des militaires, pas plus qu'on ne doit, sous prétexte de zones militaires, leur abandonner l'administration de certains territoires.

Les militaires — je parle des officiers — n'ont qu'un but, qui forme du reste l'unique sujet de leurs conversations : l'avancement. Les guerres européennes étant, en fait, supprimées, l'avancement est lent en Europe, surtout pour ceux qui, n'ayant pas l'espoir d'être nommés au choix, ne peuvent attendre leur avancement que de l'ancienneté. Les colonies leur sont donc apparues comme une mine — excellente à exploiter — de galons et de décorations. C'est ce qui a été si souvent la cause des interminables campagnes contre « les pirates ». Ah ! ces bons pirates, quels hommes précieux et comme on les aurait inventés avec plaisir s'ils n'avaient pas existé ! Ils existaient heureusement, en très petit nombre il est vrai, mais on les entretenait avec tellement de soin qu'ils duraient longtemps ! Cela permettait de faire de beaux rapports :

« Le 16 mars, à deux heures du matin,
« le poste de *** a été brusquement atta-
« qué par une bande de pirates forte
« d'environ deux cents hommes armés.
« Aux premiers coups de feu, le lieute-
« nant X... a rassemblé ses hommes et
« a mis le poste en état de défense. Après
« une heure de fusillade, très nourrie
« de part et d'autre, les pirates, compre-
« nant l'inutilité de leurs efforts, se sont
« retirés, laissant cinq morts sur le ter-
« rain. Une partie du détachement s'est

« mise à leur poursuite, mais ils n'ont pu
« être rejoints.

« Le lieutenant X..., commandant du
« poste, a été légèrement blessé à l'épaule ;
« le caporal Y... s'est particulièrement
« distingué en se défendant seul contre
« une dizaine de pirates qui étaient par-
« venus à l'entourer et en en mettant
« trois hors de combat, etc., etc. ».

Ce rapport est transmis par la voie hiérarchique, annoté par le chef de bataillon, le colonel, etc. ; en fin de compte, le lieutenant X... est proposé d'office pour la croix et le caporal Y... est promu au grade de sergent.

Je me souviens d'une colonne préparée longtemps à l'avance pour s'emparer d'un des principaux chefs pirates du Tonkin. Ceci se passait il y a une dizaine d'années. On avait tout préparé et le succès paraissait certain. La colonne arriva, après de longues journées de marche, à joindre le fameux chef de bande. On le cerne. Sa capture semblait assurée. Malheureusement, il y avait un large ravin boisé qu'on avait oublié de surveiller, et le célèbre pirate, qui tenait depuis si longtemps nos troupes en échec, parvenait à s'enfuir encore une fois. Tout était à recommencer !

Il me souvient aussi de l'histoire, qui me fut contée par un témoin, de la capture faite au Soudan, par un officier, d'un chef fameux qui tenait campagne contre nous depuis longtemps. Cet officier naïf l'avait arrêté et s'attendait à être chaudement félicité. Peu s'en est fallu qu'il ne fût rétrogradé ! Aussi avait-on idée d'une pareille gaffe, arrêter le chef des insoumis ? Mais alors il n'y aurait plus d'expéditions, partant plus d'avancement ni de croix !

Ces faits paraîtront peut-être exagérés à ceux qui, n'ayant jamais quitté la France, ne peuvent croire qu'il se passe, aux colonies, de si étranges faits d'armes, qu'ils qualifient volontiers de légendes. Rien pourtant n'est plus exact ; je n'en veux pour preuve que le fait suivant :

Arrivant dans l'une de nos plus grandes colonies dont l'administration venait de lui être confiée avec les pouvoirs les plus étendus, le Gouverneur général réunit les chefs militaires et leur fit savoir qu'il entendait qu'à partir de ce jour il n'y eût plus de pirates. — Que ce soit bien entendu, leur dit-il, il n'y en a plus et je ne veux plus qu'il y en ait. »

Et les pirates s'évanouirent comme par enchantement !

Ceci prouve que dans toutes nos colonies, sans exception, le pouvoir civil doit toujours avoir la suprématie sur le pouvoir militaire, et qu'il faudra ériger en principe absolu que, même au lendemain d'une conquête, la haute administration d'une colonie doit être confiée à un gouverneur civil. Le pouvoir militaire ne peut être qu'un auxiliaire, un auxiliaire précieux, soit, mais un auxiliaire seulement.

# VI

## LA MARINE

Aux colonies, comme partout ailleurs, la marine est le Grand Corps, ses officiers dédaignent de fréquenter les officiers de l'armée de terre et, *a fortiori*, les pékins !

La Marine a tous les droits, au besoin elle les prend. Dans les ports, les meilleurs emplacements lui sont réservés ; s'il reste place pour la marine de commerce, c'est bien ; s'il n'en reste pas, tant pis, la Marine d'abord.

En vertu de réglementations antédiluviennes, un navire de guerre ne peut entrer ou sortir d'un port sans que le canon tonne, comme si la poudre ne coûtait que la peine de la ramasser et que la marine en possédât des mines inépuisables. Ces saluts se comprennent à la rigueur pour les relations internationales, c'est-à-dire quand un navire de guerre étranger entre dans un port français et *vice-versa*, mais ils n'ont aucune raison d'être quand il s'agit de navires français dans des ports français. Et pourtant on ne s'en prive pas ! Un navire de guerre entre dans le port, il salue la terre d'un nombre plus ou moins grand de coups de canon, selon les cas :

la terre naturellement rend le salut. Le commandant du navire va faire visite au commandant du port : coups de canon ; le commandant du port rend sa visite au commandant du navire : coups de canon ; le commandant du navire va saluer le gouverneur : coups de canon ; le gouverneur vient rendre sa visite au commandant : coups de canon ; le vendredi saint — et toute la sainte journée — coups de canon, etc., etc. C'est un gaspillage de poudre effréné rien qu'en supprimant cette dépense, qui n'a aucune raison d'être ni aucune utilité, on pourrait trouver, chaque année, les ressources nécessaires pour construire plusieurs sous-marins ou des casernes pour loger les marins en station.

Mais la marine ne veut pas de casernes pour ses hommes ; il faut, pour que la solde d'embarquement et différentes indemnités soient payées aux officiers de marine, qu'ils soient « embarqués » et pour obtenir ce résultat on a trouvé un moyen : c'est de convertir en casernes de vieux navires déclassés. Ils ont été complètement désarmés, démâtés, on les a plus ou moins bien aménagés et les marins y sont casernés. Ils y étouffent de chaleur, ils y manquent d'air et leur santé s'en ressent ; mais on s'en inquiète peu. Naturellement, les officiers habitent en ville et se gardent bien de coucher dans ces horribles casemates : c'est pour la solde seulement qu'ils sont embarqués.

*
* *

Aux colonies, plus encore qu'en France, la marine dépense sans compter des sommes folles. J'ai vu dépenser plusieurs centaines de mille francs pour changer les chaudières de la *Triomphante*, modifier son armement, etc.; quand tout fût fini, un câblogramme du Département donna l'ordre de désarmer ce navire dont on fit un ponton! J'ignore à qui incombe la responsabilité de ce gaspillage, mais il semble qu'avant d'entreprendre de si coûteuses transformations pour un vieux navire, on aurait dû prévenir le Ministère de la Marine et que celui-ci, qui ne pouvait ignorer que le déclassement de la *Triomphante* était imminent, aurait dû s'opposer à cette dépense.

J'ai vu passer des mois et des mois non à construire mais seulement à monter un torpilleur dont toutes les pièces avaient été envoyées de France. Des centaines d'ouvriers y étaient occupés jour et nuit et, si l'on avait pu établir le compte exact des frais occasionnés par le montage de ce torpilleur, je crois qu'ils auraient égalé ceux d'un cuirassé. Non seulement les arsenaux emploient dix ouvriers où un constructeur civil en emploierait un, mais ils les paient beaucoup plus cher que les ateliers civils. Il en résulte, bien entendu, que ces derniers ne peuvent trouver d'ouvriers ou n'ont que le rebut, ceux dont on ne veut pas à l'arsenal.

L'argent ne coûte rien à la marine et c'est, en tout, un gaspillage inimaginable. C'est ainsi que j'ai vu faire venir, pour les toitures d'atelier d'un arsenal, des tuiles de France alors que le service des Bâtiments Civils se contente fort bien, pour toutes ses constructions, de tuiles de fabrication locale.

Il serait bon que des inspecteurs des finances aillent vérifier la comptabilité des arsenaux coloniaux et mettent en regard les dépenses qu'ils occasionnent et les travaux qu'ils exécutent. Ce serait édifiant !

# VII

## LE SERVICE DE SANTÉ

Le service de santé aux colonies est composé de médecins militaires des colonies qui, à part quelques exceptions bien entendu, joignent à une indiscutable valeur professionnelle, un esprit mercantile regrettable.

Je veux croire qu'ils s'occupent consciencieusement de leurs malades militaires, mais ils se préoccupent beaucoup trop de se faire une clientèle civile et de profiter de leur séjour dans un pays où il y a beaucoup de malades pour amasser la forte somme.

Dans les villes où il pourrait y avoir des médecins civils, il n'y en a pas, pour l'excellente raison que les médecins militaires ont formulé l'ultimatum suivant : si l'administration supérieure nous interdit, dans les villes, de faire de la clientèle civile, nous nous refuserons à soigner les civils dans l'intérieur.

Cette menace brutale de représailles a fait que, jusqu'ici les médecins civils n'ont pu arriver à prendre, dans les colonies, la place qui leur revient, les médecins militaires étant destinés, logiquement, à soigner les militaires.

Il est aisé de comprendre que dans une

ville coloniale un peu importante, il y aurait place pour des médecins civils et que ceux-ci y gagneraient largement leur vie, les coloniaux étant toujours, plus ou moins, en traitement. Ce serait autant de situations trouvées pour nos jeunes docteurs en médecine, lesquels, à leur sortie de l'école, ont bien leur titre en poche mais n'ont pas souvent la fortune nécessaire pour reprendre un cabinet achalandé. Combien de ces jeunes médecins se trouvent plus embarrassés en sortant de l'école qu'en y entrant et déplorent amèrement d'avoir embrassé une carrière qui ne nourrit son homme qu'à la condition que celui-ci soit préalablement doté d'une certaine fortune! Combien de parents, en présence du résultat, regrettent de ne pas avoir fait apprendre à leur fils un métier manuel quelconque, plutôt que d'avoir tout sacrifié pour en faire un médecin !

Logiquement, les colonies — la plus grande France — devraient offrir des débouchés à ces jeunes gens qui, à leur tour, pourraient venir en aide à leur famille. Il n'en est malheureusement pas ainsi, de par la toute-puissance des médecins militaires. Je veux citer un fait, à l'appui :

Un sanatorium avait été installé au Cap Saint-Jacques, petite station balnéaire de Cochinchine, à quelques heures de bateau de Saïgon. Ce n'était peut-être pas le climat sain par excellence, et un séjour d'une quinzaine de jours ou d'un mois n'aurait certes pas pu guérir un malade qui d'ailleurs n'y aurait pas trouvé les mêmes soins qu'à Saïgon.

Mais ce séjour était très suffisant pour remettre d'aplomb un convalescent ou une personne fatiguée n'ayant besoin que de repos. L'air de la mer, les bains, les excursions dans la montagne, la chasse, lui avaient vite rendu l'appétit, et le séjour du sanatorium du Cap Saint-Jacques avait toujours fait le plus grand bien aux personnes qui, comme je l'ai dit plus haut, n'étaient pas atteintes d'une maladie aigüe. Aussi, était-il toujours au grand complet ; on était obligé d'attendre son tour pour y trouver place, ainsi, du reste, que dans les hôtels qui avaient été installés sur la plage.

Tout alla bien jusqu'au jour où le Gouverneur eut l'idée de confier à un médecin civil le soin de s'occuper des malades du sanatorium.

Un mot d'ordre fut donné et aussitôt, dans toute la colonie, une campagne violente fut organisée par les médecins militaires contre le sanatorium du Cap Saint-Jacques. Du jour au lendemain, le séjour au sanatorium cessa d'être ordonné aux convalescents, et le climat du Cap devint très malsain ! C'est là, je crois, un exemple frappant de l'ostracisme des médecins militaires qui ne peuvent admettre le partage de la clientèle.

Leur force, comme je l'ai dit tout à l'heure, est dans le refus de soigner les malades de l'intérieur si on leur interdit la clientèle civile des centres importants. Il est évident que dans la brousse, c'est-à-dire dans les postes où il n'y a que cinq ou six Européens, un médecin civil ne pourrait gagner sa vie, et que, seuls, les médecins militaires, qui ont leur solde et y sont en service, peuvent y rester.

Là encore il importe que la suprématie du pouvoir civil se fasse sentir et que ce dernier refuse aux médecins militaires l'autorisation de faire de la clientèle civile dans les villes, tout en leur imposant de soigner les civils dans l'intérieur. Leur rôle est d'obéir, non de commander. La solde qui leur est attribuée leur assure une existence facile, il est de leur devoir de cesser de tenir boutique et de considérer les médecins civils comme des concurrents commerciaux. Libre à eux de se faire médecins civils s'il leur plaît, mais il n'est pas possible d'admettre qu'ils prétendent à la fois toucher leur solde de médecins militaires et se faire les honoraires de médecins civils, et il est encore moins possible d'accepter que la haute administration soit impuissante en présence d'une pareille conduite et intimidée par des menaces de représailles.

*
* *

Les hôpitaux coloniaux, quoiqu'exclusivement dirigés et administrés par des militaires, sont mixtes, en ce sens qu'ils reçoivent également des civils. Il est heureux que ces établissements « daignent » recevoir de vulgaires pékins, sans quoi ceux-ci n'auraient, puisqu'il n'y a pas d'hôpitaux civils, qu'à se résigner à mourir dans leur coin, sans soins.

On comprend qu'aux colonies, pour une maladie ayant un certain caractère de gravité, il est impossible de se soigner chez soi. On n'a pour domestiques que des indigènes, et ceux-ci sont tellement négligents, tellement « rossards », qu'il est impossible de compter sur eux pour des soins qui demandent une certaine minutie et beaucoup de bonne volonté. En outre, les médecins se font payer fort cher — j'ai connu un médecin qui demandait invariablement trois cents piastres (750 francs) pour un accouchement — la pharmacie est hors de prix et, pour toutes ces raisons, il est toujours plus simple, plus pratique et moins coûteux d'entrer à l'hôpital.

Pour les fonctionnaires, cela ne fait aucune difficulté, le médecin du service local leur délivre un billet d'hôpital, ils y sont reçus aussitôt et placés en traitement dans des salles qui varient selon leur assimilation : soldats, sous-officiers, officiers, officiers supérieurs, etc.

Il n'en va pas de même pour le colon, c'est-à-dire pour celui qui n'appartient pas à l'administration : commerçant, industriel, employé, etc. Celui-ci peut entrer à l'hôpital, mais il lui faut : 1° un billet d'hôpital délivré par un médecin ; 2° déposer en entrant une provision représentant le coût d'un mois de traitement ; 3° fournir une caution.

Pour celui qui a une certaine situation, la chose est relativement facile, mais pour le pauvre diable (il y en a aux colonies comme en France), le problème est plus difficile à résoudre. Pourquoi, d'ailleurs, demander un billet d'hôpital ? Un civil n'est pas comme le soldat « tireur au flanc », qui voit dans le séjour à l'hôpital un doux *farniente* et une amélioration à l'ordinaire ; le civil n'entre pas à l'hôpital pour se distraire et puisqu'il doit payer — et fort cher — ses journées de traitement, à quoi bon lui demander un billet d'hôpital ? C'est encore une chinoiserie comme il y en a tant.

Je n'ignore pas que les indigents sont soignés gratuitement, mais il ne manque pas de gens qui ne sont pas riches, tant s'en faut, et qui pourtant rougiraient d'aller demander un certificat d'indigence à la mairie, qui du reste les ferait admettre dans un hôpital indigène, où la carte à payer serait moins élevée.

Tout en payant le tarif fixé, le colon n'a pas le droit de choisir sa classe ; quelle que soit sa situation, il doit entrer à la « salle spéciale », qui correspond à peu près à celle des sous-officiers.

Pourquoi leur imposer ce classement? Est-ce que le colon ne devrait pas être libre d'aller dans la salle qui lui plaît, même celle des officiers généraux, s'il paie le prix qu'on lui demande! Je ne vois pas pourquoi l'administration se prive d'une recette qu'elle pourrait réaliser, si ce n'est pour le seul plaisir d'humilier le colon, en lui refusant l'accès de certaines salles. Cette façon de l'assimiler à un sous-officier indique assez le peu de cas que l'on fait de sa personne en lui marquant la place qu'il doit occuper dans la vie coloniale!

L'administration coloniale, pour gagner l'estime des indigènes, devrait s'occuper d'améliorer leur sort avec plus de sollicitude qu'elle ne le fait; ce serait le seul moyen de nous faire pardonner l'annexion de pays qu'après tout nous ne devons qu'à la force, à la loi du plus fort. Pas plus que les autres nations, la France n'a jamais été sollicitée par les peuples d'Asie ou d'Afrique de venir les « civiliser ». Qu'on s'emploie au moins à leur rendre le joug supportable et, sinon à se faire aimer, du moins à se conquérir quelque sympathie.

Au point de vue médical, on a fait jusqu'ici fort peu pour les indigènes. On sait qu'ils sont encore très peu avancés au point de vue du traitement des maladies; aussi les charlatans qui s'intitulent médecins, les bonzes, etc., ne se font pas faute d'exploiter cette crédulité à leur profit. Celui-ci a des serpents dans la tête, celui-là un buffle dans le ventre la médication consistera toujours à verser une certaine somme pour être débarrassé.

Le devoir s'impose aux peuples conquérants de faire la guerre à cette ignorance qui augmente considérablement la mortalité chez les indigènes et à leur faire adopter peu à peu une médication plus rationnelle, basée sur la science. C'est notre rôle de civilisateurs et c'est aussi notre intérêt, puisque nous pouvons, en prenant soin de la santé des indigènes, arriver rapidement à une augmentation du chiffre de la population.

Un exemple en passant :

Il est dans les mœurs des Annamites, lors d'un accouchement, de couper le cordon avec un morceau de verre ou de poterie, ramassé le plus près possible de l'habitation. Ces ciseaux, un peu trop primitifs et d'une malpropreté qui n'est pas douteuse, causent l'infection de la plaie et un nombre considérable d'enfants meurent au bout de quelques jours du tétanos ombilical. En faisant renoncer les Annamites à ces errements, en leur imposant progressivement nos procédés antiseptiques, on sauverait cinquante pour cent des nouveaux-nés.

Je ne vais pas jusqu'à dire que l'on n'ait rien fait encore pour les indigènes, mais on n'a pas fait assez et il y a sous ce rapport de grands progrès à réaliser.

Il existe quelques hôpitaux indigènes, mais ils sont en nombre insuffisant; il faut, pour y être admis, des formalités que les indigènes ne peuvent comprendre ; enfin, il faudrait les y soigner avec douceur et ne pas froisser leurs mœurs si l'on veut qu'ils y viennent sans terreur.

Encore un exemple à ce propos :

Les Annamites tiennent beaucoup à être enterrés dans un cercueil, celui qui est un tant soit peu aisé a toujours le sien chez lui, préparé de longues années d'avance ; pour les pauvres, la générosité des voisins y supplée et il n'est presque pas d'exemples d'Annamites décédés chez eux et enterrés sans cercueil. Par contre, j'ai vu à l'hôpital indigène de Choquan, près de Saïgon, pour les Annamites décédés et dont la famille n'apportait pas de cercueil à l'hôpital, s'en passer purement et simplement. On mettait le corps dans un cercueil-civière et on le faisait basculer dans la fosse. Ce procédé avait pour résultat que les Annamites ne se décidaient que très rarement à entrer dans l'hôpital en question.

Il importe d'abolir de tels procédés qui nous aliènent les indigènes ; il faut que le nombre des hôpitaux à leur usage soit augmenté, qu'on y donne tous les jours des consultations gratuites, qu'on y reçoive les malades sans paperasse inutile, qu'on ne froisse pas leurs mœurs. On obtiendra alors de bons résultats et la médecine européenne pénétrera rapidement dans ces milieux de gens qui ne refusent pas de s'instruire, mais qui sont seulement craintifs et méfiants.

# VIII

## LA MAGISTRATURE

L'administration coloniale présente cette particularité qu'il n'y a pas deux services qui soient organisés pareillement. C'est ainsi que les douanes, les travaux publics sont des services locaux, c'est-à-dire que leurs fonctionnaires appartiennent exclusivement à une colonie et ne peuvent être employés dans d'autres ; les finances sont confiées à la trésorerie d'Afrique ; ces employés-là n'appartiennent pas au service des finances de la métropole et ne peuvent être employés qu'en Algérie ou aux colonies ; les employés des postes et télégraphes sont métropolitains et peuvent servir alternativement en France et dans les colonies. La magistrature, elle, est coloniale ; ses magistrats ne peuvent l'être en France, mais sont envoyés indistinctement dans toutes les colonies. Il en résulte à chaque instant des mouvements extraordinaires, mutations entraînées quelquefois par la mort ou l'avancement d'un seul. C'est alors qu'on voit se produire de vaudevillesques chassés-croisés : un conseiller à la Cour de Nouméa est désigné pour servir à Hanoï, un substitut de Pondichéry pour Cayenne, etc.

Il en résulte naturellement une dépense trèsélevée pour l'administration qui doit payer les voyages, en première classe, de ces magistratset de leur famille, d'un bout du monde à l'autre.

Ce n'est pas là le seul inconvénient ; un magistrat qui arrive du Sénégal ou de la Guadeloupe en Cochinchine ne connaît naturellement pas un traître mot de la langue annamite, il devient l'esclave des interprètes et ceux-ci ne se font pas faute d'en profiter. Aussi n'est-il pas rare de voir des interprètes indigènes n'ayant qu'une solde insignifiante vivre sur un pied qu'on ne s'explique pas ou plutôt qu'on s'explique très bien !

Il me semble que la magistrature devrait être avant tout un service local, ce qui éviterait tous les inconvénients du système actuel de « magistrats baladeurs » pour le plus grand bien de tous.

*
* *

« Nul n'est censé ignorer la loi ». Tel est le principe fondamental de nos codes.

Si nul n'est censé l'ignorer, il n'en est pas moins vrai que tout le monde l'ignore, à commencer par les magistrats eux-mêmes qui, *docti cum libro*, seraient incapables de rendre le plus petit jugement sans feuilleter cinquante fois leur code. Mais si ce principe judiciaire est déjà excessif en France, que peut-on penser de son application aux colonies? Comment, on viendra se baser sur ce « nul n'est censé ignorer la loi » pour condamner un Canaque ou un Indien qui ne connaît pas le premier mot de la langue française ! C'est du dernier grotesque et Napoléon Ier lui-même se tiendrait les côtes, s'il vivait encore, en voyant ainsi appliquer son code.

Il faut à chaque peuple des lois qui répondent à ses mœurs et à son degré d'instruction ; la nécessité s'impose donc dans chaque colonie de faire établir un code spécial, adapté au pays et utilisant ce qui était bon des lois qui le régissaient avant notre occupation.

On s'est bien un peu rendu compte de l'impossibilité d'appliquer aux indigènes les lois françaises, puisque, dans les affaires civiles où appelant et appelé sont indigènes, les magistrats, siégeant spécialement en matière indigène, rendent des jugements basés non sur notre code, mais sur des principes posés par d'anciens magistrats de la colonie et dont les jugements font jurisprudence. Malheureusement, il arrive qu'ils se contredisent ou qu'une espèce soit appliquée à une autre. D'où la nécessité de faire établir des codes appropriés à chaque colonie, à moins qu'on ne préfère, ce qui se rapprocherait peut-être davantage de l'idée de justice, n'avoir aucun code, ne se baser sur aucun précédent ou aucune jurisprudence, et juger simplement en équité.

Ce serait, dira-t-on, revenir au chêne de saint Louis. Et pourquoi non ? Est-ce une raison parce qu'on a cru faire un progrès en jugeant d'après des lois déterminées pour s'y obstiner alors qu'on a reconnu par l'expérience que ce système était mauvais ? Il me semble bien préférable de reconnaître franchement son erreur et de changer son fusil d'épaule.

*
* *

En matière française, les fonctions de magistrat sont particulièrement délicates aux colonies où les influences administratives, politiques, ou privées se font particulièrement sentir. La population française d'une colonie est toujours peu importante, tout le monde se connaît plus ou moins, a eu ou aura des relations privées ou d'affaires et il en résulte forcément des amitiés et des inimitiés souvent préjudiciables aux parties. Il faudrait avoir comme magistrats des hommes tellement intègres, tellement pénétrés de l'idée de justice qu'ils ne seraient pas exposés à faillir. Mais il n'en existe aucun ; les magistrats ne sont que des hommes et ne sont, par suite, jamais exempts des faiblesses humaines.

Comme il n'y a aucun remède à cet état de choses, il faut se résoudre à voir la justice coloniale encore un peu plus boiteuse que la justice française. Pour la représenter, on pourrait sans inconvénient supprimer les plateaux de la balance symbolique de Thémis. Il n'en resterait que le fléau !

*
* *

Le chapitre sur la magistrature m'amène par enchaînement à parler de la police, et si j'ai trouvé que la magistrature coloniale boitait fortement, je puis dire, pour employer une figure du même genre, que la police est cul-de-jatte !

Quel service ! Quel recrutement !

Personne dans ce service n'en connaît le premier mot.

Il ne manque pas en France de secrétaires, de commissaires de police, d'agents de la sûreté, etc., ayant de la pratique et qui feraient aux colonies de bons commissaires de police, capables d'organiser un service et de le faire marcher. On n'en a jamais envoyé un seul et le recrutement, fait de « bric et de broc », donne un ensemble aussi hétérogène que possible, incapable de rendre de réels services.

Les agents français, en petit nombre, sont presque tous employés au titre de plantons ou à des surveillances privées dont on use aux colonies sur une grande échelle. On se plaint en France — et avec raison — des rapports de police, que dire de ceux des colonies? C'est une honte que de voir ainsi espionner des Français qui n'ont commis aucun délit et sur lesquels on échafaude les rapports les plus abracadabrants, les plus mensongers; rapports sur lesquels un magistrat n'hésite pas à s'appuyer à la première occasion pour faire condamner au maximum dé la peine un journaliste qui aura publié un article un peu vif, ou un colon qui se sera permis de flanquer son pied quelque part à un domestique qu'il aura surpris se servant de sa brosse à dents.

Ah, les journalistes! En voilà qui ne sont pas aimés des magistrats. Aussi faut-il voir comme on les « souque » chaque fois que l'occasion s'en présente. Et pourtant leurs attaques sont généralement assez anodines. S'ils écrivaient seulement sur des fonctionnaires coloniaux la dixième partie de ce qu'écrivent journellement Rochefort ou Cassagnac sur les fonctionnaires français, à commencer par le Président de la République, s'ils employaient les expressions que ceux-ci emploient, ils seraient arrêtés aussitôt, convaincus d'être des anarchistes militants et, par application des lois spéciales sur l'anarchie, admis illico à bénéficier des dispositions de l'article 12 du Code pénal (1).

Quant aux agents indigènes, ils ignorent non seulement leur rôle, mais encore le premier mot du français. Ils se promènent par les rues sans chercher à rien voir et ne songeant qu'à trouver un endroit où ils pourront le jour s'abriter des ardeurs du soleil, la

(1) Tout condamné à mort aura la tête tranchée. C. P. art. 12.

nuit piquer tranquillement leur somme en attendant que leur faction soit terminée. Comme c'est à eux qu'est confiée la garde de la voie publique, inutile de dire que les voleurs s'en donnent à cœur joie, sans crainte d'être dérangés.

Et il n'en manque pas de voleurs aux colonies. A vrai dire, les vols importants sont rares; les chevaliers de la pince-monseigneur annamites, chinois ou autres ne sont pas encore passés maîtres dans l'art et ne seraient pas capables de dynamiter un coffre-fort, ni même du moindre vol à l'américaine. Ils n'en sont encore qu'à leurs débuts et se contentent de menus vols: des tuyaux de plomb, des robinets de cuivre, des harnais, des couverts, etc. Mais si ces vols sont peu importants ils sont, par contre, très nombreux.

Messieurs les voleurs auraient du reste tort de se gêner, assurés qu'ils sont d'une impunité absolue. La police n'existant pour ainsi dire pas, ils ont quatre-vingt-dix-neuf chances sur cent de n'être pas pris, mais le seraient-ils qu'ils n'y attacheraient aucune importance.

La magistrature, si dure aux journalistes, est pleine d'égards pour les voleurs indigènes et leur a fait installer des prisons si confôrtables qu'ils y sont beaucoup mieux que chez eux : salles très propres, hydrothérapie, excellente nourriture, etc. Peu ou point de travail. Le matin, un surveillant, indigène comme eux, les emmène par corvées soit dans les jardins publics où ils font semblant d'arracher l'herbe des chemins, soit dans les jardins du gouvernement où ils balayent les feuilles mortes, et autres petits travaux de ce genre. En route, ou sur le lieu du travail, le surveillant les laisse libres d'aller prendre une tasse de café ou causer avec leur femme, leurs amis, etc. Il sait fort bien qu'ils ne s'évaderont pas, car ils sont trop heureux en prison pour chercher à s'enfuir. A onze heures ils sont rentrés pour déjeuner, ils font ensuite une longue sieste et retournent à deux heures passer l'après-midi dans les mêmes conditions que la matinée.

Je me rappelle en avoir fait l'observation à un magistrat qui m'a répondu qu'ils étaient condamnés à la prison, non aux travaux forcés. Ah, le bon billet! Est-ce qu'on se gêne en France pour faire tresser des chaussons de lisière aux prisonniers? Est-ce que les Anglais se gênent pour condamner au *hard-labour* pour le moindre méfait?

Et puis, s'ils ne sont condamnés qu'à la prison, qu'au moins on les emprisonne, c'est-à-dire qu'on n'aille pas les promener du matin au soir. Si seulement ils étaient sous clef, c'est-à-dire enfermés pendant toute la durée de leur peine, ils commenceraient à y regarder en deux fois avant de risquer quelques mois de prison.

Une autre cause fait que le nombre des menus vols, et particulièrement des vols commis par les domestiques dans les maisons où ils sont employés, va sans cesse en augmentant, c'est l'impunité accordée aux recéleurs. Si les indigènes ne trouvaient pas aussi facilement à vendre les couverts, le linge, les liqueurs, etc., qu'ils dérobent, il y aurait beaucoup moins de vols. En France, il y a une loi qui oblige les revendeurs à tenir un registre des objets qu'ils achètent, avec le nom et l'adresse du vendeur. Ils n'ont pas le droit de payer à leur magasin mais seulement au domicile du vendeur, de façon à s'assurer qu'il n'a pas donné un faux nom et une fausse adresse. Aux colonies, cette loi n'est pas applicable parce qu'elle n'y a pas été promulguée. C'est l'impunité assurée aux recéleurs : ils en profitent pour se livrer ouvertement à leur petit commerce ; petit commerce qui leur rapporte gros, car, sachant pertinemment que les objets qu'on leur apporte proviennent de vols, ils en profitent pour les payer des prix dérisoires.

# IX

## LE CLERGÉ

Aux colonies, aussi bien et peut-être plus encore qu'en France, les congrégations religieuses d'hommes et de femmes sont nombreuses et puissantes.

Un dicton déjà vieux faisait cette distinction, établissant les différentes manières de coloniser : « Quand des Fran-« çais s'établissent dans une colonie, ils

« commencent par y construire un « théâtre, les Espagnols une église, les « Anglais une maison de banque. » Il faudrait aujourd'hui modifier ce dicton en faisant construire aux Français un théâtre et une église en même temps.

On n'a pas renoncé aux théâtres (la ville de Saïgon en a récemment fait construire un qui n'a coûté que la bagatelle de trois millions) mais on construit simultanément églises sur églises.

Les fonds nécessaires aux congréganistes pour vivre très confortablement d'abord, faire ensuite construire des églises et des chapelles, et enfin pour envoyer de l'argent à ce pauvre pape qui en a tant besoin, proviennent de l'administration d'une part, des particuliers de l'autre.

Il y a dans la population indigène

d'une colonie quatre-vingt-quinze pour cent de païens (pour employer l'expression des congréganistes qui désignent ainsi tous ceux qui croient à un autre dieu que le leur) et cinq pour cent de chrétiens (1), l'administration n'accorde ses subventions qu'au culte catholique, rien aux autres.

C'est ce qu'on appelle l'égalité !

Sous les formes les plus variées, les congréganistes savent se faire payer de très fortes sommes par l'administration ; ce sont des subventions aux missions étrangères, aux sœurs de Saint-Paul de Chartres, des bourses pour les écoles des Frères des écoles chrétiennes, etc., etc.

Quant aux particuliers, les congréganistes procèdent envers eux aux colonies

(1) Evidemment, cette proportion n'est pas rigoureuse et varie avec les pays.

comme en France, tirant ce qu'ils peuvent de chacun mais visant surtout aux grosses fortunes.

A ces ressources déjà importantes, il faut ajouter les bénéfices qu'ils tirent des différents commerces ou industries qu'ils exercent, sans payer de patentes bien entendu. Sous prétexte de donner asile aux malheureux, ils installent — comme au Bon Pasteur de Nancy — des ateliers où l'on fait produire aux indigènes dix fois plus que ne coûte leur entretien. Ce sont des imprimeries, des tissages de soie, des ateliers de lingerie, de fleurs artificielles, etc. Tout cela rapporte, et c'est grâce à toutes ces ressources que les congréganistes arrivent à disposer de fortunes colossales et à être les plus gros propriétaires fonciers des colonies.

*
* *

Pour arriver à avoir des adeptes en quantité assez grande, ce qui leur permet de les promener à tout propos et partout pour faire étalage de leur influence, les congréganistes, hommes et femmes, n'hésitent pas à racoler toute la lie de la population indigène. Tout ce qui est plus ou moins sujet à caution, qui craint des ennuis de la part de la police ou de l'administration va se réfugier dans les villages catholiques, embrasse cette religion — ils se feraient aussi bien mahométans ou israélites s'ils y trouvaient leur avantage — et passe alors sous la protection des congréganistes. Ceux-ci prennent leur défense par tous les moyens en leur pouvoir, intercèdent pour eux et font tout pour leur éviter les rigueurs de la loi.

J'en veux citer deux exemples :

Un négociant du Cambodge avait été volé pendant une nuit d'une cinquantaine de pièces de cotonnade ; sachant qu'il ne fallait pas compter sur la police pour arrêter les voleurs, il avait promis une prime à quelques indigènes s'ils venaient à les découvrir. Quelques jours après, à dix heures du soir, les policiers improvisés viennent prévenir le négociant qu'ils savent où sont les voleurs. Celui-ci se met en route accompagné de son personnel. On arrive au village catholique et, juste en face de la cathédrale, on lui indique une case en bambous comme étant celle des voleurs. Il y pénètre et aperçoit aussitôt une vingtaine des pièces de tissus qui lui avaient été dérobées. Il ne pouvait y avoir aucun doute ; sans perdre de temps, il empoigne les hommes qui se trouvaient là et les attache deux par deux avec les cordes ou chiffons qui lui tombent sous la main. Pendant ce temps, les voisins avaient été prévenir le missionnaire et celui-ci accourut à toutes jambes :

— Mais, Monsieur, vous n'avez pas le droit d'arrêter ces indigènes. Ce sont des chrétiens que je connais, je suis convaincu qu'ils sont honnêtes, et du reste rien ne vous prouve que ce soient là vos voleurs.

— Comment, rien ne me le prouve ! Mais voilà les pièces de tissus qu'ils m'ont volées ; les étiquettes y sont même encore.

— Je vois bien des pièces de tissus mais rien ne me prouve que ce soient les vôtres. Et puis ils les ont peut-être achetées.

Pour s'en débarrasser, le négociant finit par lui dire que s'il ne voulait pas être ficelé avec les autres, il lui conseillait de déguerpir vivement, ce qu'il fit. Mais en arrivant au commissariat de police, où le négociant avait conduit les voleurs, il vit encore arriver le missionnaire qui recommença sa petite histoire au commissaire de police. Celui-ci lui répondit que les preuves étaient suffisantes pour qu'il les maintînt en état d'arrestation.

Le missionnaire ne s'en tint pas là et le lendemain il était chez le président du tribunal, essayant de tirer ses chrétiens d'affaire. Fort heureusement ce président était un vieux colonial qui connaissait l'audace des missionnaires et qui lui répondit que s'il ne se hâtait pas de sortir par la porte, il allait le faire sortir par la fenêtre. Le missionnaire comprit l'inutilité de ses efforts et abandonna enfin la défense de ses chrétiens.

Une autre fois, un médecin des colonies, en visite chez les sœurs à Pnompenh, aperçoit une femme indigène qu'il lui semble reconnaître.

— C'est une de nos novices, répond la supérieure.

— Hum, il me semble pourtant bien..... Faites-la approcher, s'il vous plaît.

La novice approche, baissant les yeux. Le docteur la regarde, puis dit :

— C'est bien cela, c'est une des pensionnaires d'une maison de tolérance. Malade, j'avais donné l'ordre de la faire entrer au dispensaire, mais elle s'est échappée. Veuillez l'y faire conduire, vous la reprendrez après sa guérison, si vous voulez.

La « novice » était une prostituée de maison de tolérance et ne s'était senti tout à coup la vocation religieuse que pour éviter le dispensaire !

Ceci établit que les congréganistes n'hésitent pas à soutenir partout les pires escarpes, pourvu qu'ils se soient fait chrétiens, et c'est là seulement qu'il faut chercher la cause des affaires d'Arménie, de Chine, de Macédoine, etc. Les congréganistes seuls causent ces conflits, qui ne sont autres que des guerres de religion suscitées par les méfaits des missionnaires. Si les Boxers n'avaient pas eu à se plaindre d'eux ; si les missionnaires n'avaient pas prétendu imposer, par tous les moyens, leur religion aux Chinois, s'ils n'avaient pas ouvertement protégé la voyoucratie catholique, les Chinois bouddhistes n'auraient pas eu à user de représailles, et la dernière campagne de Chine — qui sera à recommencer d'un jour à l'autre — n'aurait pas eu lieu.

J'en trouve encore la preuve dans un article paru dans le « Matin » du 9 mars, relatant l'interview, par son correspondant, du ministre de Chine à Londres :

. . . . . . . . . . . . . . . . .

Le ministre de Chine n'aime pas les missionnaires. Pour un peu il verrait en eux les uniques auteurs de tous les maux dont a souffert son pays, et c'est encore à leur incorrigible esprit de zèle et de propagande qu'il attribue les plus récents désordres.

— Nous n'avons pas plus besoin de missionnaires européens en Chine que l'Europe n'a besoin de missionnaires chinois. Nous demandons aux étrangers de n'intervenir ni dans notre gouvernement, ni dans notre religion, ni dans nos mœurs. S'ils se bornent simplement à faire du commerce avec nous, ils n'auront jamais de difficultés.

. . . . . . . . . . . . . . . .

Il me semble impossible de parler plus sagement que l'a fait le ministre de Chine à Londres, et la plus élémentaire honnêteté nous commanderait de renoncer à la protection des missionnaires en Chine. L'attitude de ceux-ci dans la dernière campagne, dirigeant le pillage, guidant les soldats dans les maisons où il y avait un riche butin, leur achetant les prises et les payant en chèques, prouve suffisamment leur indignité et que, s'il y a des pirates en Chine, ce ne sont pas les Boxers, mais bien les missionnaires.

## X

### L'ENSEIGNEMENT

L'enseignement mal compris produit actuellement aux colonies les résultats déplorables qu'a produit en France la loi sur l'enseignement obligatoire, c'est-à-dire un nombre incalculable de déclassés, incapables de gagner leur vie. On en revient déjà en France où nombre de pères de famille ont compris qu'il ne suffisait pas, pour l'avenir de leurs enfants, de les munir pour tout bagage du diplôme de bachelier.

L'exode des campagnes vers les villes a diminué aussi et le moment approche où l'instruction obligatoire donnera le résultat pratique qu'elle doit donner : toutes les classes de la société seront instruites, à un degré plus ou moins élevé bien entendu, mais les jeunes gens n'en déduiront plus qu'ayant reçu une certaine instruction ils ne peuvent, sans déchoir, exercer un métier manuel. Le fils de cultivateur, au sortir du lycée, retournera à sa terre qu'il fera produire davantage parcequ'il comprendra mieux l'emploi des machines et l'usage des engrais chimiques ; le fils d'ouvrier, au sortir de l'école, exercera la profession de son père et ne croira pas avoir à rougir de tenir le marteau du forgeron ou la varlope du menuisier.

Aux colonies, on a créé des écoles un peu partout et les indigènes y sont accourus en foule. On les a bourrés de mathématiques, d'histoire, de chimie, etc., et l'on est parvenu, non à leur faire comprendre mais à leur faire ânonner les cas d'égalité des triangles, le carré de l'hypothénuse ou la préparation de l'oxygène. Ils n'en étaient pas moins incapables de rendre les plus petits services, car, sortis des programmes des cours, de ce qu'ils récitaient par cœur, sans y rien comprendre, il était impossible de rien leur faire faire. N'importe, ils étaient convaincus que, sortant de l'école, ils ne pouvaient retourner à leur rizière ou à leur commerce de poissons salés. Il leur fallait un emploi de « secrétaire » dans l'administration ou, à défaut, dans une grande maison de commerce, être bien habillés et passer la journée dans un bureau, à noircir du papier.

Il me souvient d'un Cambodgien, interprète aux Douanes et Régies, qui était resté cinq ou six jours sans venir au bureau. Le directeur le fit appeler et lui demanda le motif de son absence, ce à quoi celui-ci répondit le plus tranquillement du monde :

— Monsieur le directeur, il ne m'était pas possible de venir prendre mon service, il pleut très fort depuis quelques jours et je ne pouvais pas sortir de ma maison.

Ainsi cet indigène qui, avant d'aller s'asseoir sur les bancs de l'école, s'enfonçait jusqu'au ventre dans la vase des rizières, ne pouvait plus, maintenant qu'il était interprète de l'administration, sortir de chez lui quand il pleuvait !

Il n'était, bien entendu, pas possible qu'ils trouvassent tous des emplois de bureau ; il est donc arrivé ce qui devait fatalement arriver : que des milliers d'entre eux se trouvaient sans emploi et restaient à la charge de leur famille.

Il faut complètement modifier cette façon de faire qui n'a donné et ne donnera jamais que de mauvais résultats.

Il faut, à mon avis, que l'enseignement soit ainsi organisé :

1° Des écoles primaires où l'on apprendra aux élèves à lire, écrire et compter ; ces études ne devant pas durer plus d'un an, deux au maximum.

2° Des écoles professionnelles où, tout en donnant aux élèves la même instruction que ci-dessus, on leur apprendra un métier : menuisier, charpentier, maçon, ferblantier, mécanicien, cordonnier, etc.

3° Pour les deux catégories ci-dessus, des écoles de filles. On a négligé jusqu'ici d'en avoir et c'est un tort; les Anglais en ont dans leurs colonies, ils se basent avec raison sur ce principe que ce sont les mères qui élèvent les enfants et qu'en leur donnant une certaine instruction on forme autant de professeurs qui apprendront ensuite à leurs enfants ce qu'on leur aura appris à eux-mêmes.

4° Dans chaque colonie un lycée qui recevra deux catégories d'élèves : des boursiers choisis parmi les meilleurs sujets des écoles primaires et des élèves payants.

Dans ces lycées on donnera, naturellement, un enseignement plus complet et l'on formera, en nombre restreint, des interprètes, des secrétaires, des comptables, etc.

En procédant ainsi le service de l'enseignement rendra alors de réels services aux colonies, et aux indigènes également.

*
* *

L'instruction, bien entendu, doit être laïque ; ce principe est admis en France, à plus forte raison doit-il l'être dans les colonies où une infime partie de la population seulement est catholique.

Ce dernier élément s'adressera s'il lui plaît aux écoles congréganistes, mais à la condition que ce ne soit pas l'administration qui en paie les frais.

Il se passe, en effet, actuellement, ce fait étrange de voir l'administration coloniale, ayant des établissements d'enseignement à elle, payés sur son budget, accorder des bourses pour les écoles congréganistes. C'est un comble, mais c'est ainsi !

# XI

## LA MARINE MARCHANDE

*Feu la marine marchande*, aurais-je pu mettre en tête de ce chapitre, car de marine marchande à proprement parler, la France n'en possède plus. Il existe bien encore quelques compagnies qui ont des navires faisant le transport des passagers et des marchandises, mais celles-ci ne vivent que grâce aux très fortes subventions qui leur sont accordées ; on ne peut donc les considérer comme de véritables navires de commerce : ils n'en ont que l'étiquette. Qu'on supprime les subventions et le lendemain ces compagnies disparaîtront toutes, puisqu'il leur deviendrait impossible d'équilibrer leur budget.

La législation actuelle sur la marine marchande est encore — à part de légères modifications — celle qui fut instituée par Colbert ! Cela ne date pas d'hier et l'on comprend qu'elle ne soit plus tout à fait au point.

D'une part, ces lois accordent aux compagnies de navigation des privilèges exorbitants ; d'une autre, elles leur imposent des règlements qui les mettent hors d'état de lutter avec les compagnies étrangères.

La législation de Colbert, qui date d'un temps où l'on ne connaissait que la navigation à voiles, est aujourd'hui surannée. Avec les navires à vapeur que nous possédons maintenant, il n'est plus possible d'admettre que les compagnies aient le droit de jeter les marchandises à la mer, de livrer au destinataire des fûts vides quand on leur a livré des fûts pleins, d'avoir tous les retards, tout cela sans payer aucune indemnité. Les « risques et fortune de mer » doivent être, en l'état de la navigation, considérablement réduits, les navires à vapeur pouvant avoir à notre époque une exactitude beaucoup plus grande qu'autrefois. Nous ne sommes plus au temps où un navire à voiles passait par le cap de Bonne-Espérance pour aller aux Indes et pouvait, suivant les vents qu'il rencontrait, mettre six mois aussi bien qu'un an à effectuer le voyage. Il ne devrait plus être toléré aujourd'hui que des écarts peu importants ; c'est aux compagnies qu'il appartient de s'assurer du charbon de bonne qualité, d'avoir des machines en bon état au départ, un personnel choisi, etc. Si elles ne le font pas, si le commandant et le chef-mécanicien d'un navire, pour toucher des millièmes, préfèrent marcher à douze nœuds au lieu de seize, et causent ainsi plusieurs jours de retard, qu'elles indemnisent les passagers et les chargeurs pour le préjudice qu'elles leur ont causé.

Ceci dit, à la charge des compagnies, il faut reconnaître à leur décharge qu'on a tué la marine marchande en lui imposant des conditions écrasantes. Qui veut trop prouver ne prouve rien, et en cherchant à défendre la cause des marins français, en imposant aux navires des rôles d'équipage hors de proportion avec les recettes, on a rendu aux marins le plus mauvais service possible. On a voulu améliorer leur sort et on l'a aggravé, puisqu'on n'est arrivé qu'à ce résultat : supprimer la marine marchande.

Il est facile de dire aux armateurs ; vous n'emploierez que des marins français, vous aurez tant d'officiers, tant de matelots, vous ne les paierez pas moins de tel prix, vos navires sortiront de chantiers français, vous accorderez une réduction de tant pour cent aux fonctionnaires et aux chargements de l'Etat, vous devrez laisser les marchandises des commerçants sur les quais quand on vous apportera une réquisition de l'administration, etc., etc., mais dans ces conditions les armateurs ne peuvent plus lutter contre la concurrence étrangère et vendent leurs navires.

L'Angleterre, l'Allemagne, les Etats-Unis ont des marines marchandes très importantes et leurs pavillons flottent nombreux dans tous les ports du monde; il ne serait pas bien difficile d'étudier la réglementation qu'ils appliquent et de l'adopter en France. Qui veut la fin veut les moyens, et si nous voulons avoir une marine marchande il faut renoncer à la « protéger » comme on le fait actuellement; c'est du protectionnisme à la façon de l'ours qui jette un pavé sur la tête de son compagnon pour chasser une mouche : on en meurt.

*
* *

Une anomalie non moins étrange à constater consiste dans les primes qu'accorde l'Etat à la navigation à voiles. Il semblerait que si l'on doit aider la marine marchande, c'est à la navigation à vapeur que devraient aller les encouragements, puisque seule cette dernière répond aux besoins du commerce moderne qui exige des transports rapides que la navigation à voiles ne peut pas effectuer. Eh bien non, c'est la navigation à voiles qui est la plus favorisée, et il se passe ce fait extraordinaire qu'on voit aujourd'hui des armateurs faire construire des voiliers rien que pour les primes qui s'y rapportent !

L'Etat en effet paie :

1° Une prime à la construction quand ces navires sortent de chantiers français.

2° Une prime à la navigation, calculée à raison du nombre de milles parcourus.

Ces primes suffisent à couvrir tous les frais et au delà ; la combinaison est donc bien simple ; il n'y a qu'à faire construire des voiliers en France et à leur faire parcourir le plus de milles possible pour gagner de l'argent. Inutile de se préoccuper du chargement, ce serait perdre dans les ports un temps précieux, il faut naviguer, naviguer encore et naviguer toujours. Cela ne rend aucun service au commerce, mais les armateurs touchent de fortes primes et c'est tout ce qu'ils désirent !

*
* *

Il importerait, si l'on veut voir nos ports fréquentés par les navires, français aussi bien qu'étrangers, de réduire dans de fortes proportions les taxes énormes dont on les frappe. Les tarifs de pilotage, droits de phare, d'ancrage, de balisage, etc., sont tellement élevés qu'une compagnie y regarde en deux fois avant de faire toucher ses navires dans les ports français. Les armateurs ont appris à compter, tout comme les autres, ils font le total de la dépense qu'ils auront à faire pour telle ou telle escale ; s'il en ressort que les dépenses seront plus élevées que les bénéfices qu'ils peuvent espérer, ils brûlent l'escale et tout est dit.

En matière de marine marchande, comme toute autre, on n'attire pas les mouches avec du vinaigre et ce n'est pas en frappant de taxes énormes les navires qui touchent dans nos ports qu'on les y attirera.

C'est un tort, car la présence d'un navire dans un port constitue pour le commerce une source de bénéfices qui n'est pas à négliger. Il faut à ce navire des vivres, du charbon ; souvent il a des réparations à faire ; enfin les passagers et l'équipage descendent à terre et, par suite, y dépensent de l'argent. C'est une clientèle qui n'est pas à dédaigner, mais qu'au contraire on devrait attirer.

*
* *

Une chose qui n'est pas faite non plus pour attirer les navires dans nos ports est la répression mal comprise de la fraude par le service des douanes. Certes, celui-ci est dans son rôle en cherchant à découvrir la contrebande et en punissant ses auteurs, mais il ne faut pas pour cela en arriver à des répressions abusives. J'ai vu, pour quelques boîtes d'opium découvertes à bord d'un navire, saisir celui ci et ne l'autoriser à reprendre la mer que contre la consignation d'une somme formidable, hors de proportion avec le délit.

La loi veut que le commandant d'un navire, et par suite l'armateur, soit responsable de la contrebande qui se trouve à son bord. Cette responsabilité s'explique, car si elle n'existait pas, la douane ne trouverait en face d'elle aucun auteur du délit ; mais il faut pourtant reconnaître qu'il est matériellement impossible à un commandant de s'assurer qu'un passager n'a pas glissé une boîte d'opium dans ses bagages ou qu'un matelot n'a pas dissimulé quelques kilos de tabac dans une cale ; sa responsabilité est peut-être nécessaire, mais elle doit être atténuée quand sa bonne foi est établie, et les amendes qui viennent le frapper devraient être plus modérées qu'elles ne le sont.

*
* *

La disparition de la marine marchande française est non seulement regrettable au point de vue de nos intérêts commerciaux, mais elle présente encore un grave danger pour la sécurité et la défense de nos colonies.

Les commandants des navires anglais et allemands qui fréquentent nos ports, qui y viennent en service régulier pendant des années et des années, finissent par en savoir autant que nos pilotes, dont ils pourraient du reste fort bien se passer si on ne les leur imposait pas. Qu'une guerre vienne à éclater et l'on peut être sûr que nous retrouverions ces commandants sur la passerelle des navires de guerre anglais ou allemands, les pilotant pour entrer dans les ports, remonter les rivières, leur indiquant les meilleurs points d'atterrissage pour un débarquement, leur signalant les points faibles de notre défense maritime, etc.

Si les nations étrangères ont à leur disposition dans la marine marchande d'excellents auxiliaires qu'elles ne manqueraient pas d'utiliser en temps de guerre, par contre, le fait pour la France de ne plus avoir de marine marchande la prive de cet élément précieux et la met ainsi en état réel d'infériorité.

## XII

### LE COMMERCE

Il n'est pas besoin de pénétrer dans l'intérieur d'un pays pour se rendre compte de sa prospérité, la visite des ports suffit. Si ceux-ci sont bien organisés et bien outillés, si de nombreux navires de commerce y sont mouillés, la preuve est faite : le pays est prospère. Si, au contraire, on y voit peu de mouvement, si l'on n'y trouve pour tous navires que quelques bâtiments de guerre en station et quelques courriers ou annexes appartenant à des compagnies subventionnées et destinés seulement à transporter de rares passagers, la preuve aussi est faite : le pays végète, ses affaires sont nulles ou presque.

Le premier cas est celui des colonies anglaises où l'on travaille, où l'on produit. Le second est celui des colonies françaises, colonies de fonctionnaires.

Si l'on veut se rendre compte de cette différence, qu'on aille comparer les ports de Singapour et de Saïgon, ceux de Hong-kong et d'Haïphong, d'Aden et de Djibouti, etc.

Je sais l'objection que l'on me fera : ils ne sont pas dans les mêmes conditions, Singapour se trouve sur le passage et Saïgon ne s'y trouve pas ; tous les navires qui font la ligne de Chine sont obligés de passer à Singapour et n'ont nul besoin d'aller à Saïgon qui n'est pas sur leur route. C'est vrai, mais pourquoi Singapour est-il sur la route de Chine et pourquoi Saïgon n'y est-il pas? Parce que nous ne l'avons pas voulu.

Il y a quinze ou vingt ans, des Français, établis dans la Péninsule Malaise, avaient obtenu l'autorisation de creuser un canal qui aurait fait communiquer le golfe du Bengale et la mer de Chine par le percement de l'isthme de Kra. C'était un travail enfantin et qui aurait donné des résultats considérables, le voyage de Colombo à Hongkong se trouvant, de ce fait, abrégé de deux ou trois jours. Mais, si peu importants que fussent les travaux à exécuter, il fallait quand même quelques millions et les concessionnaires ne les avaient pas. Ils vinrent trouver le gouverneur de Cochinchine et lui exposèrent l'affaire. Celui-ci, en vrai fonctionnaire français, se retrancha derrière mille raisons : ce n'était pas de sa compétence, c'était en France, au Ministère des Affaires étrangères, qu'ils devraient s'adresser, il étudierait l'affaire, pourrait demander des crédits au Parlement, etc., etc. Les concessionnaires, devant cette fin de non-recevoir, repartirent ; le gouverneur de Singapour ayant eu vent de l'affaire la leur acheta immédiatement... et le percement de l'isthme de Kra n'aura jamais lieu.

Si les rôles avaient été renversés, si le gouverneur de Cochinchine avait été Anglais au lieu d'être Français, il eût câblé aussitôt à son gouvernement et, en un tour de main, à n'importe quel prix, l'affaire était faite : le port de Singapour n'existait plus, c'était lui qui n'aurait plus été sur la route des navires, celui de Saïgon l'aurait remplacé ; c'était la fortune pour Saïgon, la ruine pour Singapour.

C'est là qu'est la force des Anglais : savoir profiter des circonstances et, au besoin, les faire naître. Nous, non seulement nous ne songeons pas à les faire naître, mais quand nous avons tous les atouts en mains, nous ne savons même pas en profiter. L'inertie de nos gouvernants et de nos représentants dans les pays d'outre-mer nous tue, l'activité des Anglais les rend maîtres du monde. En vertu du dicton « aux innocents les mains pleines », nous avons eu tout en mains : l'Egypte, les Indes, le Canada, la Louisiane, Maurice, etc., on nous a tout repris ou à peu près et le peu qui nous reste nous est une lourde charge, alors qu'il devrait nous enrichir. Voilà comment nous colonisons !

Quand on songe que les Anglais sont parvenus à faire quelque chose à Aden ! Quand on voit la ville qu'ils sont arrivés à construire sur ces rochers calcinés par le soleil, où pas un brin d'herbe ne pousse, où l'on ne trouve pas une goutte d'eau, on se rend compte de la force de leur volonté et, si pénible pour notre amour-propre que puisse être cet aveu, on est forcé de reconnaître qu'ils sont plus forts que nous et que nous ne sommes que des nains à côté de ces géants.

On me dira qu'ils ont des moyens certains de réussir, que « l'or anglais » joue un grand rôle, qu'ils savent, quand un obstacle se présente, le faire disparaître en « parlant anglais » à ceux qu'ils trouvent en travers de leur route. C'est possible, c'est vrai même ; les Anglais n'hésitent pas ; quand ils ont décidé de faire une chose, ils la font, peu importe le prix. Ils achèteront tous les concours, ils s'assureront de tous les avantages et ils réussiront. Nous discutons, ils agissent.

Il me fut conté qu'un beau jour un de nos représentants, passager à bord d'un navire, avait cru se rendre intéressant en disant qu'il allait prendre possession de l'île de Périm au nom de la France. Ces paroles ne tombèrent pas dans l'oreille d'un sourd, un Anglais qui se trouvait là en fit son profit, et, arrivé à Périm, pendant que le Français se préparait à descendre à terre, l'Anglais filait dans un canot et plantait le drapeau anglais sur l'île dont il prenait possession au nom de l'Angleterre ! Une fois de plus nous étions dupes de notre verbiage et le renard anglais s'était approprié le fromage que le corbeau français avait si bêtement laissé tomber en ouvrant le bec !

*
* *

Les rapports officiels nous disent que le commerce général des colonies, en 1901, a été de 839 millions dont 474 aux importations et 365 aux exportations. Ces chiffres seraient encore peu élevés si on les comparait au commerce des colonies anglaises — l'Inde seule fait plus que toutes nos colonies réunies — mais s'ils étaient exacts seulement ! Hélas, ils ne le sont pas, ce sont des statistiques officielles, c'est-à-dire fausses, elles sont établies pour les besoins de la cause, pour faire croire à un important mouvement d'affaires, pour expliquer la nécessité de la légion de fonctionnaires qui émargent au budget. Veut-on la preuve de leur fausseté, la voici :

Les statistiques officielles établissent que les exportations de l'Indo-Chine, par exemple, s'élèvent à tant (le chiffre importe peu). Or, elles se subdivisent en : tant pour la Cochinchine, tant pour l'Annam, tant pour le Tonkin, tant pour le Cambodge, tant pour le Laos. Ce qu'on ne dit pas, c'est que le Cambodge et le Laos n'ayant pas de ports, leurs produits sont embarqués à Saïgon, ce qui fait que ce sont les mêmes marchandises que l'on fait figurer à la fois aux exportations de la Cochinchine, du Cambodge et du Laos ! Il en est de même pour l'Annam et le Tonkin qui n'ont, à proprement parler, aucun port et où ne se rendent que des navires de petit tonnage ; ces deux pays expédient d'abord à Saïgon le peu de marchandises qu'ils peuvent avoir — oh, très peu, l'annexe des Messageries Maritimes qui fait le service du Tonkin, par exemple, arrive toujours à Saïgon avec, dans ses cales, des pierres qu'elle a été obligé d'embarquer comme lest — par des caboteurs, des jonques, etc. Il n'y aurait donc pas lieu de faire figurer dans les exportations de l'Indo-Chine les exportations de l'Annam, du Tonkin, du Cambodge et du Laos, puisque toutes viennent se concentrer à Saïgon d'où a lieu la véritable exportation. Si on procédait ainsi on aurait des statistiques réelles; oui, mais le chiffre des exportations baisserait singulièrement et c'est ce qu'on ne veut pas.

On procède de même dans d'autres colonies. Au Soudan, par exemple, un convoi venant de l'intérieur se dirige vers la côte. Au premier poste français la résidence inscrit gravement la valeur des marchandises que transporte cette caravane, au second l'on fait de même et ainsi de suite jusqu'à la côte. En fin d'année on centralise, on additionne et l'on annonce sans rire que le mouvement des exportations du Soudan a été de tant!

Ce n'est même pas tout, car si le chef de la caravane déclare qu'il a pour 10.000 francs d'ivoire ou de caoutchouc, par exemple, il faudrait, pour être dans la vérité, inscrire 5.000 francs de caoutchouc ou d'ivoire et 5.000 francs de « bois d'ébène ». Je sais bien qu'officiellement la « traite » n'existe plus, mais elle se fait quand même.

On voit ce qu'il en est des statistiques officielles sur le mouvement commercial des colonies : du bluff, encore du bluff et toujours du bluff. C'est la formule de Danton, modernisée par nos gouvernants coloniaux.

*
* *

Il en va de même de la récente « Exposition universelle d'Hanoï ». Quel beau bluff ! Quelle parade de saltimbanque ! Quelle pitrerie ! On a dépensé des centaines de mille francs pour faire croire à la prospérité du Tonkin, alors qu'en réalité, il ne produit rien. Le Delta seul produit un peu de riz, pas assez cependant pour la consommation locale, puisque la Cochinchine est obligée de lui en envoyer tous les ans ; le reste du pays ne produit rien ou à peu près.

N'empêche qu'à l'Exposition on a montré de nombreux produits : du charbon (mais on a omis de dire qu'il ne brûlait pas et que même les navires faisant escale au Tonkin se gardaient bien d'en consommer), des bois (mais l'on n'a pas dit qu'ils se trouvaient dans des forêts très éloignées de la côte et que leur transport à pied d'œuvre coûterait plus qu'ils ne valent), des meubles incrustés et des broderies (mais on n'a pas ajouté que ce sont des objets de curiosité, bons pour quelques amateurs, mais ne pouvant pas faire l'objet d'un commerce sérieux), etc.,

etc. On a, à force d'insistance, obtenu que quelques maisons françaises exposent, à Hanoï, des pianos, du champagne ou des tissus, mais cela ne leur fera pas faire pour dix centimes de plus d'affaires.

L'Exposition n'a pas donné de ressources nouvelles au pays ; les indigènes, ne gagnant pas davantage après qu'avant, n'achèteront ni un parapluie ni un mètre d'étoffe de plus ; on a gaspillé de l'argent, voilà tout, mais cela a permis de donner de grandes fêtes, de prononcer de beaux discours et de câbler, en France, que « l'Exposition d'Ha-
« noï avait été ouverte au milieu d'une
« affluence considérable de popula-
« tion... exposants nombreux... visiteurs
« émerveillés. . reconnaissance indigène
« pour la France... situation prospère...

« avenir magnifique... prestige nom « français accru... » etc., Seul résultat : pluie de décorations variées pour les organisateurs de la Grande Exposition Universelle d'Hanoï.

Fumistes !

*
* *

En vertu du protectionnisme à outrance qui sévit en France et qui fait que nos fabricants produisent à des prix considérablement supérieurs à ceux des industriels étrangers, il est clair que les exportations de la France sur ses colonies se bornent à la consommation locale de ces colonies, mais qu'il ne s'y fait aucune réexportation. Il ne faut pas songer, par exemple, à faire des expéditions de marchandises françaises de Cochinchine au Siam, du Tonkin dans les provinces du sud de la Chine, de la Réunion sur Maurice, etc., nos produits sont d'un prix trop élevé, les marchés étrangers nous sont par ce fait fermés et le commerce colonial se trouve ainsi fort limité.

Pour les mêmes raisons, nos colonies ne peuvent songer à exporter les produits qu'elles pourraient acheter dans les pays voisins. Ces produits paieraient les droits de douane en pénétrant dans la colonie française et les paieraient à nouveau en arrivant en France. Donc, inutile d'y songer. Les commerçants coloniaux doivent se borner exclusivement à trafiquer avec leur colonie.

Il ne faut pas croire, du reste, que notre tarif douanier suffise à empêcher l'entrée dans nos colonies des articles de fabrication étrangère ; pour l'année 1901, par exemple, les statistiques officielles reconnaissent elles-mêmes que l'Indo-Chine a importé pour 102 millions de produits étrangers contre 100 millions seulement de produits français. Comme on le voit, les droits de douane sont impuissants ou à peu près et sont plus utiles au fisc qu'à l'industrie française, sur les besoins de laquelle on s'est appuyé pour les établir.

Je n'ai jamais vu, par exemple, un Chinois avoir sur lui un seul fil de tissu français, non pas seulement à cause des prix élevés des tissus français, mais surtout parce que ce n'était pas leurs genres. Les industriels français voudraient bien faire des affaires, mais ils refusent de se plier aux exigences et aux goûts de la clientèle, ils prétendent imposer leurs articles ; malheureusement, ils n'y réussissent pas. Ils n'y parviendront jamais. La force des Anglais, et des Allemands surtout, est de faire exactement ce que veut le client ; ils ne cherchent pas, comme le fabricant français, à faire quelque chose de mieux ; on leur donne un échantillon, ils le copient, sans s'inquiéter si les nuances s'harmonisent bien ou si le goût est parfait ; peu leur importe : on leur demande des bonnets de coton à visière verte, ils fournissent des bonnets de coton à visière verte. C'est là, après la question du prix, la grande supériorité de l'industrie allemande et anglaise sur l'industrie française et, par suite, de leur commerce.

*
* *

Aux raisons que je viens de citer plus haut et qui empêchent le commerce de se développer aux colonies, il s'en ajoute d'autres, beaucoup d'autres. Je vais essayer d'en donner une idée.

En premier lieu, il convient de citer les entraves de toutes sortes que l'administration apporte au commerce :

Les fonctionnaires sont grassement payés, travaillent fort peu en général, ont droit à des congés réguliers avec solde, aux voyages gratuits avec leur famille, à la retraite, la caisse d'assistance, etc.

Les employés de commerce n'ont aucun de ces avantages. Si les bénéfices très restreints que font les commerçants ne leur permettent pas de payer largement, par contre ils sont obligés d'exiger une somme de travail bien supérieure à celle qu'on demande au fonctionnaire.

Il s'ensuit inévitablement que le commerçant ne peut garder aucun employé. Il en fera venir de France à chaque instant, et les demandes ne lui feront pas défaut, mais, à peine arrivé dans la colonie, l'employé de commerce compare son sort à celui du fonctionnaire, de là à faire des démarches pour entrer dans l'administration il n'y a qu'un pas à faire, il est vite franchi, et, dès qu'il a pu obtenir sa nomination, l'employé de commerce fait un grand salut ironique à son patron et le plante là sans autre forme de procès. Le commerçant a perdu son temps à chercher un employé en

France, à le mettre au courant, il a dépensé son argent pour le faire venir et c'est à recommencer éternellement. Résultat : il dépense beaucoup pour avoir un très mauvais personnel.

Les mêmes inconvénients se présentent pour le recrutement du personnel indigène, les employés de bureau préfèrent l'administration, les ouvriers aiment mieux les ateliers administratifs, les hommes de peine aiment mieux les travaux publics. Il en va donc de même pour le commerçant avec le personnel indigène qu'avec le personnel français : il ne peut garder personne ; et comme il ne peut parvenir à avoir un employé sérieux, qui le seconde utilement, il est obligé de veiller à tout, il se surmène et tombe malade. Son médecin l'engage alors à aller se reposer en France ; il le voudrait bien, mais il n'a personne sur qui il puisse compter pour le remplacer pendant son absence. S'il part quand même, il trouve à son retour ses affaires à vau-l'eau; s'il reste, il a quatre-vingt-dix chances sur cent de mourir. Il a le droit de choisir entre ces deux alternatives!

Le service des douanes, de son côté, se croit obligé de tracasser les commerçants en leur faisant perdre un temps précieux à se promener de bureau en bureau et à rédiger mille paperasses. Malheur à celui qui ne connait pas à fond les règlements en matière de douane, les tarifs applicables, etc. J'en veux citer un exemple personnel :

Je reçus un jour, à Saïgon, trois balles de papier venant de Hongkong et fus moi-même à la douane pour les retirer.

A cet effet, je remplis une déclaration, me basant sur les poids que portaient ma facture et mon connaissement; je ne pouvais faire ni mieux, ni autrement. On arrive à la vérification, mes balles sont pesées et il se trouve que le poids dépasse un peu celui que j'avais déclaré, en toute bonne foi, puisque c'était celui que l'expéditeur portait sur ma facture. Immédiatement, l'employé constata la différence et ce n'est que grâce à de nombreuses démarches que je dus de ne pas me voir dresser procès-verbal pour fausse déclaration. J'appris au cours de ces démarches de bureau en bureau que, n'étant pas sûr du poids, j'aurais dû faire d'abord une « déclaration provisoire ». C'est simple, quand on le sait, mais je ne pouvais le deviner et je crois que l'employé qui m'avait fait établir ma déclaration aurait pu me prévenir du danger que je courais en ne faisant pas, pour commencer, une déclaration provisoire.

Ceci n'est qu'un simple exemple, mais j'en pourrais citer mille.

La vérification en matière de douanes est fort délicate, le premier venu ne sait pas se servir d'un quart de pouce, compter les fils d'un tissu, distinguer si la chaîne est en fil et la trame en coton, reconnaître si la pâte d'un papier est de bois, de paille, de chiffon, et dans quelles proportions, etc., etc. Ces distinctions modifient considérablement les droits à faire payer et j'ai vu se produire de continuelles discussions à ce sujet entre les commerçants et le service des douanes. Il faudrait au service de la vérification des employés éprouvés, ayant l'habitude de ce travail. Au lieu de cela, on les change à tout propos, les envoyant comme à plaisir d'un service dans un autre.

Autre vexation : la douane exige pour les marchandises françaises un certificat d'origine. Ce certificat ne prouve absolument rien, étant donné que le commissaire de police qui le délivre à Paris ne s'inquiète guère de savoir si la déclaration est sincère ou non et si les marchandises qu'on expédie comme étant d'origine française ne sont pas d'origine allemande, entrées en France au tarif minimum. Ce certificat sans valeur, la douane l'exige quand même impérieusement et, lui montreriez-vous que la marchandise que vous venez de recevoir est du chocolat Menier, d'origine française sans aucun doute, que vous avez en mains les factures portant les numéros et marques des colis, etc., rien n'y fait, il vous faut payer la douane ou faire une soumission, contresignée par une caution, vous engageant à produire le certificat dans un délai fixé, sous peine d'avoir à acquitter les droits !

Quelquefois aussi, la douane vous déclare n'avoir pas reçu le passavant. Vous répondez que ce n'est pas vous qui êtes chargé de le lui faire parvenir, mais le service des douanes de France ; peu importe, il n'y a pas de passavant, payez. Et ainsi de suite, une formalité succède à une formalité, une tracasserie à une tracasserie. Voilà les services (!) que la douane rend aux commerçants.

Une chose qui n'est pas faite non plus pour aider le commerce, c'est la tolérance extrême que montre l'administration envers les fonctionnaires-commerçants. Certains ont magasin ouvert, non à leur nom, les règlements le défendent, mais au nom de leur femme, de leur fille, d'un homme de paille quelconque. D'autres n'ont pas de magasin, mais font du commerce tout de même ; ils recevront cinq ou six barriques de vin à la fois, deux ou trois pianos, les placeront et en feront venir à nouveau. D'autres enfin ont des fonds placés dans une maison de commerce et se servent de leur influence administrative pour faciliter les affaires de ces maisons.

L'administration devrait tenir la main à ce que de pareils faits ne se produisent pas et révoquer impitoyablement les fonctionnaires qui se livrent au commerce, directement ou indirectement. Chacun est libre de s'établir commerçant, mais on ne peut admettre qu'on soit à la fois fonctionnaire et commerçant.

Pour les marchés un peu importants, l'administration procède généralement par adjudication. Ce système serait parfait s'il était toujours appliqué loyalement. J'ai eu le regret de constater qu'il n'en était pas toujours ainsi. Avec le même cahier des charges on peut, à volonté, ruiner un commerçant ou l'enrichir, tout dépend de la manière de s'en servir. Or, pour des raisons de personnes, d'influences, j'ai souvent vu l'appliquer aux uns avec une extrême rigueur, aux autres avec une extrême bienveillance. C'est l'application au commerce de ces vers de La Fontaine :

Selon que vous serez puissant ou misérable
Les jugements de Cour vous rendront blanc ou noir.

Ils sont, à la vérité, applicables un peu à tout et en tous pays, mais surtout aux colonies où le favoritisme règne en maître.

Enfin l'administration entrave encore le commerçant en l'obligeant à des avances de fonds considérables : cautionnements, retenues de garantie, lenteur dans l'établissement des mandats, etc. Si les fonctionnaires n'avaient pas leur mandat de solde en main le dernier jour du mois et ne pouvaient en toucher le montant le premier, ils pesteraient comme de beaux diables, mais que des commerçants attendent quelques mois de plus le paiement des marchandises qu'ils ont fournies, peu leur chaut.

*
* *

Ceci dit à charge de l'administration, je dois, pour être juste, reconnaître que le commerce français est généralement mal organisé aux colonies.

Le Français est, par tempérament, réfractaire à l'association, il ne la comprend pas et ne l'aime pas. Il veut marcher seul, se croyant toujours supérieur à son voisin, manquant de confiance. Son action est isolée et manque de continuité. En outre, le Français qui possède une fortune un peu importante se gardera bien d'aller s'établir aux colonies, il se trouve bien en France, il y a toutes ses aises et il y reste. Ne vont aux colonies que ceux qui, n'ayant que peu ou point de fortune, n'ont pas grand chose à risquer. Comme les affaires commerciales ne réussissent que lorsqu'elles s'appuient sur des capitaux sérieux, il en résulte forcément que, malgré de réelles qualités, neuf sur dix de ceux qui s'établissent aux colonies ne peuvent réussir et sont appelés, à la première anicroche, à faire la culbute. Ils n'ont rien derrière eux, peu ou pas de crédit, pas de maisons sérieuses pour leur assurer des marchandises dans de bonnes conditions, ils sont obligés de passer par de coûteux intermédiaires et le moindre coup de vent, auquel résisterait une maison solide, les renverse impitoyablement.

Les Anglais ont une force coloniale : le droit d'aînesse. Le fils aîné, seul, héritant de la fortune de ses parents, les autres sont souvent envoyés aux colonies et reçoivent de leur famille une aide précieuse.

Les Allemands n'ont dans les pays d'outre mer que des succursales de très grosses maisons de la métropole qui n'hésitent pas à mettre les capitaux nécessaires et à attendre les résultats pendant plusieurs années s'il le faut.

On se rend compte aujourd'hui en France qu'il n'y a plus rien à faire pour le petit commerce, les grosses maisons accaparent tout et la lutte avec elles est impossible. Il en est de même aux colonies où l'avenir est aux maisons de premier ordre qui n'hésiteront pas à dépenser un million s'il le faut pour ouvrir un comptoir.

*
* *

Nos colonies ont encore au point de vue commercial un grave défaut, elles manquent de maisons de banque et d'escompte. Il existe bien, dans chaque colonie, une banque jouissant de la garantie de l'Etat, autorisée à émettre du papier-monnaie, etc. Mais ce sont là des établissements trop favorisés pour qu'ils daignent s'occuper d'aider le commerce. On n'oblige pas le commerçant à se mettre à genoux pour parler à « Monsieur le Directeur », mais c'est tout, et celui-ci fait dédaigneusement comprendre au commerçant qui venait demander l'escompte d'une traite que d'aussi petites affaires ne peuvent l'intéresser et qu'il ait à ne plus le déranger à l'avenir.

Il faudrait, dans les colonies, de petits banquiers qui feraient l'escompte du papier, qui ouvriraient des crédits aux commerçants qui marchent bien mais qui sont débordés par les avances qu'il leur faut faire ; qui consentiraient de petits prêts aux fonctionnaires et leur éviteraient ainsi de se faire écorcher vif par les usuriers, etc. Ces petites opérations réunies leur permettraient encore de gagner de l'argent à côté des grands établissements financiers et sans, du reste, faire de tort à ceux-ci.

Enfin certaines de nos colonies sont actuellement très éprouvées par la baisse de l'argent, l'Indo-Chine entr'autres. Le fonctionnaire s'en soucie peu, sa solde est établie en francs et plus le taux de la piastre est bas plus il en touche, mais il n'en est pas de même pour le commerçant. Celui-ci achète en francs et vend en piastres, c'est-à-dire qu'il achète ses marchandises payables en une monnaie dont la valeur est invariable alors qu'il les vend à crédit en monnaie à cours variable. Il ne sait ainsi exactement le prix qu'il vend et s'expose à subir de grosses pertes. Il marche dans l'inconnu, ne sachant ce que vaudra la piastre quand le billet qu'on lui a souscrit en paiement des marchandises qu'il a livrées arrivera à échéance. Quand on songe que l'administration fait avec les commerçants des marchés en piastres d'une durée de deux ou trois années, on comprend qu'une baisse inattendue puisse amener des ruines complètes.

Il faut renoncer à ces pratiques et

adopter l'étalon d'or dans toutes nos colonies qui n'emploient pas l'argent français.

*
* *

Comme bien l'on pense, le commerce étranger est fortement représenté aux colonies françaises. Il y a deux catégories d'étrangers, qui doivent être étudiées séparément : ceux de race blanche et ceux de races diverses : jaune, noire, etc. Parlons des premiers d'abord.

Une chose à constater en premier lieu, c'est que les nations qui n'ont pas de colonies sont celles qui fournissent le plus grand nombre de commerçants coloniaux ; les Suisses, les Danois, les Belges sont nombreux dans les pays d'outre-mer, tant comme négociants que comme employés de commerce. Ces nations ont trouvé le moyen de vivre des colonies des autres, ce qui leur évite les frais d'occupation ; cela sent peut-être le parasite, mais c'est fort pratique ! Du reste, ces étrangers sont généralement bien vus par les indigènes qui savent qu'ils n'ont pas le désir d'annexer leurs territoires. C'est ainsi que les Danois sont puissamment établis au Siam et en Chine, et que leur influence est appelée à devenir de plus en plus prépondérante, précisément parce que ces nations n'ont rien à redouter d'eux.

Les Anglais ont, tout naturellement, de nombreuses maisons de commerce dans nos colonies, elles sont toujours bien organisées et disposent de capitaux importants. Les Anglais n'ont pas comme nous de petits commerçants tirant le diable par sa longue queue et vivotant plus ou moins misérablement. Ils laissent ces petites affaires aux indigènes ou à qui veut les faire, mais eux ne font que de grosses affaires. On peut voir dans tous les pays anglais des hôtels magnifiques, immenses, comme il n'y en a aucun dans les colonies françaises, et où l'on trouve tout le confort possible : ils sont anglais ; mais on ne voit jamais un hôtel de second ordre tenu par des Anglais.

Les Allemands aussi sont puissants aux colonies, ils y deviennent de plus en plus nombreux, et c'est à l'étranger surtout qu'on peut se rendre compte de l'importance que prend l'Allemagne au point de vue commercial et industriel. Ils travaillent, comme les Anglais, avec de gros capitaux et sont doués d'une patience et d'une ténacité que nous ne possédons pas.

Leurs maisons de commerce sentent bien un peu la caserne, tout y est réglementé, jusqu'à la tenue, mais elles marchent d'une façon admirable. La maison, de commerce allemande ne ressemble pas à la maison de commerce française, les employés n'y sont pas de passage et une fois entrés dans une maison, ils y restent. Les maisons allemandes prennent des employés jeunes, leurs appointements de début sont peu élevés, mais ils trouvent tout à la maison : nourriture, chambre, salle de billard, etc. On ne leur donne que fort peu d'argent de poche, le surplus de leurs appointements étant versé à leur compte ; quand ils ont une certaine somme, ils ont un intérêt dans les bénéfices, lequel intérêt va en s'augmentant au fur et à mesure que les fonds qu'ils ont dans la maison augmentent eux-mêmes. Enfin, quand ils atteignent une somme fixée, ils deviennent associés. On comprend que, dans ces conditions, les employés ne cherchent pas à quitter leur maison.

Il serait à souhaiter que les maisons françaises soient établies d'après les mêmes principes.

La Suisse envoie dans les pays d'outre-mer un grand nombre d'employés de commerce, je dirai même de bons employés de commerce. Ceux-ci ont sur les nôtres le précieux avantage de toujours parler correctement plusieurs langues et de sortir d'écoles de commerce où ils ont appris la comptabilité et les pratiques du commerce. Nous n'avons en

France aucune école formant des employés de ce genre.

Il existe bien chez nous quelques écoles commerciales, telle la Société des Hautes Etudes Commerciales, mais les études qu'on y fait sont tellement Hautes, tellement Supérieures, que l'élève qui sort de là ne peut faire un employé ; il accepterait à la rigueur la direction d'une maison avec quinze ou vingt mille francs d'appointement, mais un modeste emploi, fi.....

Voyons maintenant les commerçants étrangers de races diverses.

Les Chinois, qu'on a appelés avec quelque raison les Juifs de l'Extrême-Orient, sont les plus forts et les plus nombreux. Ce sont les premiers commerçants du monde et, avant de songer à les civiliser, nous ferions bien d'apprendre d'eux la manière de faire du commerce. Leur désir de réussir leur fait bien souvent commettre des actions malpropres ou même délictueuses, ils connaissent à merveille l'art de se servir du pot-de-vin, trompent autant qu'ils peuvent sur la qualité et sur la quantité, ils abdiquent tout sentiment de fierté et, chassés par la porte, reviennent par la fenêtre, ils sont insinuants, obséquieux, en un mot ne reculent devant aucun moyen pour arriver à leurs fins, mais, ces considérations à part, il faut reconnaître qu'ils sont doués de la bosse du commerce et qu'il est impossible de lutter avec eux. Je veux, en passant, citer un fait ou deux à l'appui de ce que je viens de dire.

J'ai vu des commerçants chinois venir acheter des marchandises chez des négociants français et, le lendemain, les revendre à perte. Nos codes interdisent cette opération et le commerçant français qui serait convaincu d'avoir vendu à perte serait passible des tribunaux. Les Chinois voient plus loin que nous et s'ils ont, immédiatement, revendu à perte les marchandises qu'ils venaient d'acheter, ils gagneront de l'argent quand même. En effet, ils subissent, volontairement, une perte sèche de dix pour cent par exemple, mais ils ont acheté à 90 jours et revendu au comptant. Avec le produit de la vente (à perte) qu'ils viennent de faire, ils vont immédiatement acheter du riz, du poivre, des peaux ou quoique ce soit, opération sur laquelle ils réaliseront vingt pour cent de bénéfice. Comme ils n'ont perdu que dix % sur la première partie de l'opération, il leur reste encore, sur son ensemble, un bénéfice réel de dix pour cent.

En Indo-Chine, les débits où l'on délivre l'opium au détail sont concédés à des Chinois qui, outre une redevance fixée, sont tenus de prendre une quantité minimum d'opium à l'administration. Là encore j'ai vu des débitants revendre aussitôt, à perte, les boîtes d'opium qu'ils venaient d'acheter. Cette fois, la combinaison n'est plus tout à fait la même, puisqu'ils ont acheté au comptant, mais ils en ont une autre : ils perdent sans hésiter cinq ou dix pour cent sur l'opium qu'ils ont acheté à la régie, mais cela leur permettra de débiter dans leur fumerie de l'opium de contrebande qui leur laisse un très gros bénéfice.

Les Chinois ont ainsi mille tours dans leur sac pour assurer la réussite de leurs affaires qui, presque toujours, sont à double face, mais à côté de ces petits « trucs » ils ont aussi, et surtout, une organisation commerciale tellement parfaite qu'elle mérite d'être prise pour modèle.

Toutes les maisons de commerce chinoises sont montées par actions, quoique, à la vérité, il n'y ait pas d'actions au sens propre du mot, pas de titres comme chez nous, pas d'actions, d'obligations à sommes fixes. On verse ce que l'on veut et les dividendes sont répartis entre les actionnaires au prorata des bénéfices. Tout Chinois riche a de l'argent dans dix, vingt maisons de commerce dirigées par des compatriotes de la même congrégation que lui. Il s'établit ainsi une filiation qui fait que la concurrence n'existe pour ainsi dire pas entre elles, il y a le « bloc chinois » et c'est tout ; quand une affaire se présente on cherche, à tout prix, à évincer les concurrents étrangers, mais ceci fait, que ce soit telle maison chinoise ou telle autre qui ait l'affaire, cela n'a que peu d'importance, puisque ce sont les mêmes actionnaires.

Il y a là une solidarité qui donne aux Chinois une force inimaginable ; tel épicier ne se montrera pas jaloux de voir un de ses clients habituels aller se servir chez son voisin, au contraire, si le client est mauvais payeur, il préviendra son confrère ; il n'y a pas chez eux la jalousie commerciale, l'esprit mesquin qui nous animent et qui font que, souvent, un commerçant français vendra à perte pour le seul plaisir de souffler une affaire à son voisin, de lui enlever un client.

Pas de tout cela chez les Chinois, tous solidaires ; leur union fait leur force.

Mais nous n'avons pas tout dit encore, nous venons de voir comment étaient montées les maisons de commerce, voyons maintenant leur organisation intérieure.

Il n'y a pas, dans une maison chinoise, un seul employé qui ne soit intéressé à la bonne marche de la maison, par suite pas de coulage, pas de fuite, pas de frais inutiles. Depuis le patron jusqu'au dernier homme de peine, tous ont intérêt à ce que la maison gagne de l'argent. Ce sont de petites sociétés coopératives. En effet, tous les employés ou ouvriers sont engagés par contrat d'une durée fixe, leurs appointements sont fixés aussi mais on ne les leur donnera pas ; ils seront nourris, logés, défrayés de tout, on leur donnera quelque menue monnaie et le surplus sera versé à leur compte, leur donnant droit à une part dans les bénéfices de la maison ; ce sont tous des associés en même temps que des employés. Il en résulte que, pour augmenter les bénéfices de la maison, et par suite le sien, un employé fera le travail de deux, réduisant ainsi les frais généraux au strict minimum. Qu'on ajoute à cela que les Chinois sont des travailleurs infatigables, d'une sobriété extraordinaire, qu'on en loge vingt dans une pièce où l'on ne logerait pas deux ouvriers français, et l'on comprendra qu'il est impossible, au point de vue commercial, d'entrer en lutte avec eux.

*
* *

Ces aptitudes commerciales font que les Chinois accaparent rapidement tout le commerce des pays dans lesquels ils s'installent et l'on comprend que l'Amérique, l'Australie, etc., se soient opposées à cette invasion. Nous autres, Français, nous nous laissons tranquillement dépouiller ; les commerçants crient bien comme de beaux diables, mais l'administration les laisse crier, elle préfère avoir affaire aux Chinois. Pourquoi ? ? ?

Si le Chinois ne faisait que travailler dans de meilleures conditions que le Français, l'administration pourrait, à la rigueur, prétendre que l'intérêt particulier des commerçants français devant s'effacer devant l'intérêt général de la colonie il n'y a pas lieu de prendre des mesures prohibitrices contre les commerçants chinois. Mais ce n'est pas tout, le Chinois est, avant tout, un draîneur d'argent. Il aime son pays, sa famille, la terre de ses ancêtres, et s'il vient s'établir dans nos colonies, ce n'est jamais à titre définitif, mais seulement à titre temporaire. Il veut bien tout nous prendre mais ne rien nous laisser, pas même ses os. Tous les Chinois font en effet partie de sociétés qui s'engagent, moyennant une prime fixée, à renvoyer leurs restes mortels dans leur pays au cas où ils viendraient à mourir dans la colonie. Ils y sont enterrés, mais, les délais pour l'exhumation passés, on y procède et l'on envoie leurs restes en Chine. Les Chinois qui habitent nos colonies y sont presque tous mariés, mais ce sont des seconds mariages, leur femme légitime est en Chine, les Chinoises du continent ne s'expatriant jamais. Les Chinoises qu'on rencontre en Indo-Chine ou ailleurs sont des femmes des îles, qu'on ne considère pas comme de vraies Chinoises.

Le Chinois donc vient chez nous pour y ramasser le plus d'argent possible et s'en aller ensuite. Chaque fois qu'il a réalisé un bénéfice important, il en envoie les trois quarts en Chine, à l'abri. De temps en temps, pour mieux nous dépouiller, des maisons chinoises font faillite. Il ne faut pas croire pour cela que celles-ci aient fait de mauvaises affaires, se soient ruinées dans des spéculations malheureuses, non, ce sont des faillites voulues, préparées longtemps à l'avance, et cela fait partie du plan général qui a pour but de dépouiller les « barbares d'Occident ». Très fréquemment de gros kracks chinois viennent ruiner des maisons françaises, les tribunaux déclarent la faillite, mais celle-ci ne donne jamais aucun dividende ; on met en prison un homme de peine qui se déclare patron de la maison — il a été payé pour cela — et tout est dit. L'administration française, si rigoureuse pour les commerçants français, ne l'est pas pour les commerçants chinois dont elle ignore même les noms. La maison a une enseigne « Au bon marché », « Au meilleur des Chinois », c'est sous ce nom qu'elle connaît la maison, mais elle ignore totalement le nom des actionnaires.

Il faudra pourtant, si l'on ne veut pas que l'Indo-Chine devienne tout à fait une colonie chinoise, que l'on se décide à réglementer l'immigration chinoise. Il faut laisser venir et même attirer le travailleur chinois, mais il faut impitoyablement et par tous les moyens proscrire le commerce chinois. Cette distinction peut paraître égoïste, mais elle s'impose et c'est à cette seule condition que l'Indo-Chine pourra jamais devenir une véritable colonie française.

Le Chinois n'exploite pas seulement le Français, il exploite aussi l'indigène. Je vais indiquer un des moyens qu'il emploie, je le ferai rapidement, car si je voulais m'étendre sur les mille procédés qu'emploient les Chinois pour s'enrichir aux dépens d'autrui, ce chapitre seul deviendrait un volume.

En Indo-Chine, les Chinois seuls vont dans l'intérieur acheter le produit des récoltes, les Français ou les Annamites ne pouvant, comme je l'ai dit plus haut, soutenir leur concurrence. Donc, au moment des semis le Chinois, qui sait que l'imprévoyant Annamite n'a même pas le riz nécessaire pour planter, part dans l'intérieur sur une petite jonque. Il fait des avances de grain, remboursables en nature à raison de dix pour un, et s'en va. On ne le revoit plus qu'à la récolte. A cette époque il revient, non plus seulement avec une petite jonque mais avec dix, quinze grandes. Il se fait rembourser de son prêt et, comme par hasard, la mesure avec laquelle il se fait rembourser est d'une capacité supérieure à celle qu'il avait à son premier voyage ; il se fait donc rembourser dix mesures pour une qu'il a avancée et comme celles-ci sont plus grandes, c'est en réalité quinze pour un qu'on est obligé de lui rendre. Mais ce n'est encore rien, cette petite opération usuraire ne suffirait pas au Chinois, il lui faut davantage.

L'Annamite, son remboursement effectué, a encore du riz, le Chinois sort ses sacs de piastres et le lui achète au comptant. L'Annamite est dans la joie et commence à boire quelques verres de *choum-choum* (eau-de-vie de riz) pour arroser la vente qu'il vient de faire. Le soir, un Chinois, compère du premier, installe quelque part un jeu de *ba-quan*. L'Annamite, joueur dans l'âme, accourt bien vite et quelques heures après il est complètement dépouillé. Le Chinois alors s'en va, emportant tout, le riz et les piastres. Et l'Annamite est redevenu aussi pauvre que la veille ; l'année suivante, il lui faudra recommencer à se faire prêter du riz pour les semis, et il en sera ainsi tant que l'administration fermera les yeux sur les trafics des commerçants chinois. Il est même probable que cela durera encore longtemps, les Chinois ayant des arguments irrésistibles !

Après les Chinois, les Indiens de la côte Malabare viennent en première ligne comme très adroits en matière commerciale ; ils sont très nombreux en Indo-Chine, à La Réunion, etc. Je dois reconnaître qu'ils sont plus honnêtes et ne doivent en général leur réussite qu'à un travail assidu et à une économie invraisemblable.

Une caste cependant mérite d'être classée au même rang que les Chinois, c'est celle des Chettys, race repoussante et méprisable. Ceux-là sont uniquement usuriers et pratiquent le prêt à 200 pour 100 dans des conditions de férocité inimaginables. Ils dépouillent, sans scrupule aucun, les Français et les indigènes qui ont le malheur de tomber dans leurs griffes, c'est-à-dire d'avoir besoin d'argent. L'installation de petites maisons de banque aux colonies pourrait seule faire disparaître ces hideux personnages qui se chargent, avec les Chinois, de drainer tous les capitaux. Comme eux également ils ne dépensent rien et envoient dans leur pays l'argent ramassé dans les ruines qu'ils sèment sur leur passage.

## XIII

### L'INDUSTRIE

L'industrie est encore à l'état embryonnaire dans nos colonies pour les raisons que je vais citer.

Tout d'abord il faut, pour monter la moindre des usines, des capitaux beaucoup plus importants que pour monter une maison de commerce. Comme je l'ai déjà dit, le Français qui possède une certaine fortune n'a nul désir d'aller s'établir à des milliers de lieues de France ; ne vont donc aux colonies que ceux qui ont peu ou point d'argent. A la rigueur, avec des références, on trouve encore assez facilement en France des marchandises payables à terme, jamais de matériel industriel, celui-ci se vendant toujours au comptant.

Il faut aussi, pour se livrer à l'industrie, posséder des connaissances techniques assez étendues, ceux qui sont dans ce cas trouvent assez facilement de bonnes situations en France et y restent. Les personnes qui se décident à aller se fixer aux colonies sont celles qui n'ont pas de connaissances spéciales, ont plus ou moins la pratique des affaires, une assez bonne instruction. Celles-là sont légion en France où elles ne trouvent pas à s'employer. C'est de leur rang que sortent presque tous ceux qui vont s'établir aux colonies ; ils peuvent à la rigueur y faire du commerce, ils ne peuvent pas y faire d'industrie.

Une autre cause qui empêche le développement de l'industrie aux colonies est l'opposition féroce que manifestent les industriels de la métropole. Leur égoïsme n'admet pas que les colonies puissent fabriquer, elles doivent, d'après eux, se borner à produire les matières premières qu'on ne trouve pas en France et à les leur envoyer. Ils veulent acheter le riz que produit l'Indo-Chine, mais ils ne veulent pas que cette colonie fabrique elle-même de l'amidon ; ils admettent qu'on leur envoie du coton qu'ils travailleront et retourneront ensuite dans son pays d'origine sous forme de tissus, mais ils n'admettent pas que les colonies possèdent des ateliers de tissage, filature, etc. C'est un raisonnement grotesque, car il poserait en principe que les Français qui vont s'installer aux colonies perdent leur qualité de Français pour devenir les humbles serviteurs des industriels métropolitains. Le soleil luit pour tout le monde, dit un vieil adage, et je ne vois pas pourquoi Messieurs les industriels de France prétendraient au monopole de la fabrication, au détriment des colonies. Celles-ci sont ou ne sont pas territoires français ; puisqu'elles le sont les Français doivent y jouir des droits dont ils jouissent en France. Si on ne l'admettait pas, le moment viendrait où les industriels parisiens refuseraient à ceux de province le droit de fabrication, où le département de la Marne prétendrait au monopole de la fabrication du mérinos et le Cantal à celui des parapluies !

Il s'est quand même trouvé des députés pour soutenir cette théorie à la Chambre et menacer les colonies de frapper de droits d'entrée les produits manufacturés qu'elles enverraient dans la métropole. Au Parlement, comme partout ailleurs, les intérêts particuliers sont souvent défendus avec plus d'énergie que les intérêts généraux et les députés qui font des affaires, plaidant aujourd'hui pour un client raffineur de sucre, demain pour un fabricant d'amidon, sont malheureusement trop nombreux.

La difficulté de se procurer des ouvriers est encore une des raisons qui s'opposent au développement de l'industrie aux colonies. On peut à la rigueur y emmener des ingénieurs, des contremaîtres, etc., mais il n'est pas possible d'emmener aussi des ouvriers, ce qui augmenterait les frais généraux dans de trop grandes proportions, et ce sera pendant longtemps encore la pierre d'achoppement contre laquelle viendra se briser l'industrie coloniale. Il faudra commencer par ne monter que des industries faciles, n'exigeant que peu d'ouvriers spécialistes ; petit à petit les ouvriers indigènes se perfectionneront et l'on pourra leur demander ce qu'il serait impossible de leur demander aujourd'hui.

La concurrence chinoise est aussi, au moins pour l'Indo-Chine — colonie chinoise sur territoire français — une des principales causes du peu d'importance de l'industrie dans cette colonie.

De très belles usines à décortiquer le riz existent à Cholon, près de Saigon, toutes ont été montées par des Français ou tout au moins par des Européens, toutes sont passées aux mains des Chinois. Ils ont commencé par en acheter une, deux, puis, quand ils ont été en force, ils ont fait le vide autour des rizeries françaises, les empêchant par tous les moyens de se procurer la matière première ; il a fallu alors leur abandonner les dernières usines.

Enfin, bien des personnes qui seraient désireuses de monter des industries en Indo-Chine hésitent à le faire, parce qu'elles savent que quelques mois après qu'elles les auront installées les Chinois leur enlèveront leurs contre-maîtres, monteront des usines similaires à côté, et les ruineront par les bas prix qu'ils établiront, tout au moins jusqu'à ce que l'usine française ait disparu, perdue.

Il y aurait pourtant beaucoup à faire aux colonies au point de vue industriel : verreries, briqueteries, tissages, filatures, fabriques de papier, brasseries, conserves de viandes et de fruits, fabriques de chaussures, tanneries, raffineries de sucre, hauts fourneaux, traitement des minerais, scieries mécaniques, etc., etc. Tout est à faire, mais pour que cela puisse être fait sans que ceux qui s'y consacrent courent à une ruine certaine, il faut que le régime économique des colonies soit bien fixé et assuré par une longue durée pour ne pas se voir, après avoir monté une industrie, brutalement ruiné par une taxe nouvelle à l'entrée ou à la sortie ; il faut s'opposer à la concurrence déloyale des Chinois ; former des ouvriers dans les écoles professionnelles, etc.

Qu'on ne vienne pas dire que l'industrie coloniale fera du tort à l'industrie métropolitaine, cela ne lui sera jamais possible à raison des frais de transport qui la grèveront toujours lourdement et puis, même si cela était, si l'industrie coloniale arrivait à envoyer sur les marchés français des produits similaires à meilleur marché, où serait le mal ? Les Français établis aux colonies sont aussi intéressants que les Français qui restent en France, et ce serait le consommateur qui bénéficierait des prix plus bas auxquels on lui offrirait les marchandises. Le nombre des consommateurs qui en profiteraient étant infiniment plus élevé que celui des fabricants qui en souffriraient, il n'y a pas d'hésitation à avoir, c'est aux intérêts du plus grand nombre qu'on doit sacrifier les intérêts des minorités; la question sociale ne peut se résoudre autrement : l'intérêt des consommateurs, c'est-à-dire de la masse de la population d'abord ; les intérêts particuliers des fabricants ensuite.

*
* *

Je dois mentionner aussi le tort que causent à l'industrie privée les ateliers administratifs chaque jour plus nombreux et plus importants.

Toujours par suite de cette plaie que nous vaut le parlementarisme : rendre des services aux électeurs, l'administration ne pouvant pas toujours créer de nouveaux bureaux, s'est avisée d'avoir ses ateliers à elle et s'est mise à monter ici une imprimerie, là des ateliers pour les travaux publics, d'autres ailleurs pour la fabrication des boîtes à opium, etc., etc.

Evidemment, le travail qui sort des ateliers administratifs revient peut-être à dix fois plus que si l'administration le demandait à l'industrie privée ; mais le prix de revient ne préoccupe pas l'administration, et ce n'est pas par raison d'économie qu'elle a imaginé d'avoir ses ateliers à elle, c'est pour caser des fonctionnaires son but est donc atteint.

Ces ateliers administratifs font tort à l'industrie privée en lui enlevant le travail sur lequel elle devrait être en droit de compter ; il y aurait lieu de les supprimer purement et simplement, le rôle de l'administration ne consistant pas à imprimer des en-têtes de lettres ou à réparer une chaudière de chaloupe.

## XIV

### L'AGRICULTURE

L'agriculture est la véritable, la seule richesse d'un pays, l'industrie et le commerce n'en étant que des dérivés. C'est donc vers elle que devraient porter tous les efforts des gouverneurs des colonies et j'ai le regret de constater qu'il n'en est pas toujours ainsi. Certes, officiellement, ils ont toutes les apparences de le faire, le budget comporte des crédits afférents aux encouragements à l'agriculture, on procède à des concours agricoles, on crée des jardins d'essai, une direction d'agriculture, on donne des primes à certaines cultures, mais tout cela ne fait pas avancer la question d'un pas, seuls quelques favorisés en profitent, et c'est tout.

Pour assurer le développement rationnel de l'agriculture, il faut avant tout lui fournir une main-d'œuvre abondante et peu coûteuse. Or, la plupart de nos colonies manquent de main-d'œuvre et non seulement on ne fait rien pour la leur procurer mais quelquefois on la leur enlève en partie !

J'ai vu en Indo-Chine des espèces de négriers venant faire la « traite des jaunes » sous la protection de l'administration. Il fallait à certaines compagnies puissantes des hommes pour leurs exploitations de la Nouvelle-Calédonie, et elles avaient jeté leur dévolu sur l'Indo-Chine. Le gouverneur avait reçu des instructions — j'allais écrire des ordres — du Département pour faciliter la tâche de ces marchands d'hommes. Il fallait voir comment on procédait ! Une escouade d'agents se rendait dans des quartiers populeux, chaque moitié des hommes se plaçant à chaque extrémité d'une rue, ils allaient ensuite à la rencontre les uns des autres et tous les indigènes qui se trouvaient pris dans ce coup de filet étaient embarqués pour la Nouvelle-Calédonie. C'est ce que l'on appelait des « volontaires ».

En recrutant ces hommes de vive force, en les envoyant mourir en Nouvelle-Calédonie, l'administration indochinoise a commis un véritable crime qu'on ne saurait trop le lui reprocher. Les journaux d'Indo-Chine ont protesté autant qu'ils le pouvaient, mais ils n'ont pas d'écho en France et leur voix s'est perdue dans le désert. Il serait temps encore d'y revenir et d'ordonner une enquête établissant combien sont morts de ceux qu'on a arrachés si brutalement à leur pays, au mépris de tous les droits.

Pour rendre la main-d'œuvre abondante, deux moyens, qu'on peut employer simultanément, sont en présence : l'augmentation de la population indigène et l'immigration.

Les divers peuples qui habitent nos colonies : nègres, annamites, canaques, indiens, etc., sont heureusement très prolifiques. Leur ignorance des progrès de la civilisation est cause de ce que les femmes font encore des enfants et qu'elles ignorent les procédés de « tricherie » que les femmes françaises apportent dans l'accomplissement du devoir conjugal. Elles en font comme les lapins font des petits, parce que c'est dans l'ordre naturel des choses et que nos esthètes n'ont pas encore fait école dans les pays d'outre-mer. Les naissances étant nombreuses, la population augmenterait rapidement si, malheureusement, la mortalité n'était pas aussi élevée, grâce à l'ignorance des maladies et des remèdes propres à les guérir, au manque d'hygiène. Il faut donc y apporter plus d'attention qu'on n'en apporte et se bien persuader que l'avenir de nos colonies tient presque tout entier à cette question de population. Cette théorie peut avoir des adversaires en France, où la production est limitée et où, en présence du nombre toujours croissant des sans-emploi, on est en droit de se demander ce qu'il adviendrait si la population venait à augmenter ; elle ne peut être discutée aux colonies où les terres en friche ne manquent pas et n'attendent que d'être cultivées pour produire.

En même temps que l'on augmentera la population indigène il faut, par tous les moyens, favoriser l'immigration. Diviser pour régner est une loi économique qui a sa valeur ; en attirant dans nos colonies des peuples de races diverses, nous assurerons notre domination et, en même temps, nous améliorerons la race indigène par l'infusion d'un sang nouveau qui viendra rendre la vigueur aux races dégénérées.

Les Anglais, les Hollandais font tout ce qu'ils peuvent pour attirer la main-d'œuvre chez eux, nous faisons le contraire en frappant de lourdes taxes les étrangers qui viennent se fixer dans nos colonies.

La race à laquelle on peut demander les bras qui nous manquent, la seule peut-être qui puisse nous en fournir en nombre important, est évidemment la race chinoise. Il y a là une réserve de cinq ou six cent millions d'individus à laquelle on peut puiser sans risquer de l'appauvrir. J'ai dit, dans un précédent article, qu'il fallait mettre obstacle à l'accaparement du commerce et de l'industrie de nos colonies par les Chinois, mais il n'en est pas de même pour les travailleurs, ouvriers des champs ou des villes ; ceux-là, au contraire, nous n'en aurons jamais trop, jamais assez même. Or, nous faisons tout pour les éloigner. Voici, par exemple, comment on procède en Indo-Chine :

Un navire arrive ayant des immigrants chinois à bord. Un détachement d'agents de police va les prendre et les conduit au service de l'immigration. Là, pour s'assurer qu'ils ne s'échapperont pas, on commence par les enfermer à clef dans des espèces de grandes cages où, serrés comme des harengs, ils attendent que les employés de ce service soient disposés à s'occuper d'eux. Enfin on les sort un à un et on les fait passer au service de l'anthropométrie où ils sont mensurés sur toutes les coutures et photographiés. On leur établit ensuite une carte de séjour et, après que le chef de leur congrégation s'est rendu responsable du paiement de l'impôt de capitation, on leur rend enfin la liberté. Que l'on prenne toutes les mesures de sécurité possibles, soit, et comme ils n'ont aucun état-civil, qu'il serait, dans la suite, impossible de les reconnaître, j'admets le service d'anthropométrie, mais ce que je ne puis admettre, c'est l'impôt de capitation : une vingtaine de francs par homme et par an.

Pourquoi cet impôt spécial ? Il serait bien suffisant de leur faire payer les mêmes impôts qu'aux indigènes, sans encore les frapper plus fortement. Comment, voilà un pays qui manque de main-d'œuvre, des hommes jeunes, solides, arrivent pour le cultiver, pour le faire produire, pour augmenter sa richesse, et la première chose que fait l'administration est de leur demander de l'argent ! C'est inimaginable. Mais de l'argent, c'est par la suite qu'ils en rapporteront sous forme d'impôts directs et indirects et surtout en donnant de la valeur à des terres qui n'en ont aucune. Il importe de revenir, au plus tôt, sur de pareils errements qui portent un préjudice considérable à notre colonie d'Indo-Chine en empêchant le développement normal de son agriculture.

Le choix des graines pour semence a une importance considérable et l'on ne saurait trop s'y attacher. Le riz de Cochinchine, par exemple, est coté beaucoup moins cher sur les marchés européens que le riz de Birmanie ; il faut donc essayer de l'y implanter. Mais même dans les riz indigènes, il est des contrées où le riz est bien plus beau, bien plus marchand que dans d'autres ; l'administration devrait, chaque année, faire des achats importants de riz de qualité supérieure et, au moment des semis, les envoyer dans tous les chefs-lieux de canton à la disposition des cultivateurs, soit à titre remboursable, soit même à titre gratuit. Qu'importerait la dépense qu'entraîneraient ces achats, elle serait vite rentrée dans les caisses de la colonie.

Je sais que, dans certaines colonies, l'administration a créé une direction d'agriculture et des jardins d'essai. C'est autant de services de plus, autant de fonctionnaires gros et petits qui émargent au budget, mais qui ne rendent pour ainsi dire aucun service. Dans un jardin administratif où l'on ne comptera pas la dépense, où des soins continuels seront donnés aux plantes, où, au besoin, on mettra un factionnaire muni d'un parasol pour abriter un pied de vigne ou de tabac pendant la grosse chaleur, on arrivera, bien entendu, à acclimater presque toutes les plantes, mais cela ne prouvera absolument rien. Ce qu'il importe de faire, ce sont des essais sur une grande échelle et dans des conditions normales de culture. Seuls, les agriculteurs peuvent le faire et c'est à eux qu'il faut distribuer les graines dont on veut faire l'essai.

Il faut aussi imposer le moins possible l'agriculture, si l'on veut qu'elle se développe, or, on la frappe tous les jours d'impôts nouveaux. Pour arriver à assurer les dépenses sans cesse en augmentation d'un budget à usage exclusif de fonctionnaires, l'administration indochinoise a trouvé le moyen, en ces dernières années, de frapper de droits le tabac indigène, la feuille de bétel, la noix d'arec, etc. Qu'est-il arrivé ? C'est que ces cultures diminuent de jour en jour. Et c'est ce qui arrivera chaque fois qu'on frappera les produits de l'agriculture.

Il ne suffit pas d'assurer la production, il faut aussi faciliter l'écoulement des produits agricoles. Or, que fait-on ? Toujours pour des raisons budgétaires on augmente les droits de sortie sur les riz, les bois, les poivres, etc., et l'on arrive à rendre leur vente presqu'impossible sur les marchés européens.

On a cru favoriser la culture du poivre et du café en les détaxant à leur entrée en France, leur rendant ainsi la concurrence plus facile avec les produits similaires venant de l'étranger.

Cela aurait été vrai si l'on n'avait, en même temps, augmenté les impôts qu'ont à payer les agriculteurs auxquels on a ainsi retiré d'une main ce qu'on leur a donné de l'autre. C'est pour cette raison que la concurrence est restée aussi difficile ; les produits des colonies françaises ont été détaxés à leur arrivée en France, mais comme le prix de revient aux colonies a été augmenté par les impôts nouveaux, le prix de vente est resté le même (1).

(1) Depuis que j'ai écrit ces lignes, le régime douanier des poivres provenant des colonies françaises vient encore d'être modifié. En 1892 — plus pour favoriser un poivrier personnage politique que dans l'intérêt général des producteurs coloniaux — les poivres provenant des colonies

Croit-on aussi que les primes aux planteurs français soient de nature à développer l'agriculture aux colonies!

françaises avaient été détaxés pour leur permettre de pouvoir lutter sur les marchés français avec les poivres étrangers; mais il se produisit des fraudes, les poivres du Siam, de Birmanie, etc., passaient en Indo-Chine, d'où ils étaient ensuite expédiés pour la France comme provenant des colonies françaises ; on décida alors de limiter les exportations de poivre de la Cochinchine et du Cambodge ; aujourd'hui, pour des raisons budgétaires, nouvelle modification : les droits de douane pour les poivres coloniaux sont augmentés de 104 francs par 100 kilogrammes ! Cela s'est fait en un tour de main ; le même jour — le 29 mars — le projet de loi était adopté par la Chambre et par le Sénat, pour ainsi dire sans discussion. Un député hasarda bien que c'était la carte forcée, un sénateur que c'était le comble de l'activité, mais le ministre des finances ayant répondu que cette loi ferait rentrer deux ou trois millions de plus par an et que le budget en avait impérieusement besoin, personne n'insista plus. Cette loi causera un grave préjudice à l'Indo-Chine, dont les poivres ne pourront plus supporter la concurrence avec les

Ce serait une grossière erreur. Les primes ne sont que des faveurs déguisées, celui qui est bien en cour ou qui sait « se débrouiller » les touche, mais les autres s'en passent. J'ai connu un fonctionnaire qui n'a jamais mis un hectare en culture mais qui, avec les primes qu'il a su obtenir en pleurant continuellement sur les pertes qu'il venait de subir, est arrivé à « planter » de solides maisons en maçonnerie qui lui rapportent de belles rentes. Non, les encouragements à l'agriculture, si l'on ne veut pas qu'ils dévient complètement de leur but, ne doivent jamais être des encouragements particuliers aux uns ou aux autres sous forme

poivres étrangers ; mais le député de la Cochinchine n'a pas cru devoir prendre la parole, les agriculteurs et les commerçants seront seuls à en souffrir, peu importe donc au représentant à la Chambre des fonctionnaires de Cochinchine !

de primes, subventions, etc. ; l'encouragement doit être le même pour tous et ne peut porter que sur la diminution des charges qui pèsent sur l'agriculture.

*
* *

La culture aux colonies doit être faite par les indigènes, mais cela ne veut pas dire qu'il n'y ait rien à faire, sous ce rapport, pour les Européens. Il y a, au contraire, beaucoup à faire mais à la condition formelle de n'entreprendre que de grandes cultures, assurées d'importants capitaux. Les climats tropicaux ne permettent pas à l'Européen de travailler la terre lui-même, il ne peut donc avoir que la direction ou la surveillance d'établissements agricoles.

Des sociétés d'agriculture et d'élevage,

montées par actions, qui s'assureraient d'un directeur connaissant très bien le pays, et qui procéderaient par métayage, faisant aux indigènes les avances nécessaires à la culture, auraient beaucoup de chances de réussite. Malheureusement, l'esprit français est réfractaire à l'association et je doute qu'il change d'ici longtemps.

Quant aux essais qui ont déjà été faits d'envoyer aux colonies des personnes disposant d'un très petit capital et auxquelles on accorde une concession de terres et même quelques avances en instruments aratoires, rations de vivres, etc., ils ont tous donné de mauvais résultats, et il y a lieu, non seulement de ne pas les encourager, mais de les proscrire. A la Nouvelle-Calédonie presque tous ceux qui se sont laissé tenter sont, aujourd'hui, dans la plus profonde misère, certains même en sont réduits à travailler comme journaliers pour des forçats libérés ! L'administration ne s'est certes pas montrée bienveillante à leur égard et les a traités beaucoup plus mal que les *bagnards*, mais, leur aurait-elle été plus favorable, ils n'auraient quand même pas réussi.

Les essais de culture directe, faits par des Français dans les colonies, sont condamnés d'avance à un échec inévitable. Il faut le dire bien haut et ne pas tromper, comme on l'a fait, de malheureux petits cultivateurs de France auxquels on a fait vendre leur petit lopin de terre en faisant luire à leurs yeux une fortune rapide aux colonies. La ruine et la mort seules les y attendent, et ce serait un crime que d'encourager qui que ce soit dans cette voie.

# XV

## LE CORPS ÉLECTORAL

En France, le suffrage universel ne donne pas toujours des résultats merveilleux. Il n'est pas rare de voir, à la suite d'une campagne électorale, un candidat d'une réelle valeur battu par le premier venu, homme nul et complètement incapable de tenir son rang au Parlement. Les majorités n'ont pas toujours raison, mais si l'on s'en tient à ce système d'élection, c'est qu'il est encore le moins mauvais de tous. Pourtant, en France, le corps électoral représente véritablement la nation et les électeurs ne peuvent se voir disputer leurs droits électoraux. Il n'en est pas de même aux colonies où le corps électoral est composé de trois éléments bien distincts : les colons, les fonctionnaires, les indigènes.

Les colons, seuls, ont souci des intérêts généraux du pays, seuls ils sont intéressés à ce que la colonie soit prospère ; malheureusement, ils ne constituent qu'une infime minorité et le nombre de bulletins qu'ils déposent dans l'urne n'a pas d'influence sur l'élection.

Les fonctionnaires, par contre, sont nombreux et, dans certaines colonies, ils sont les maîtres du suffrage universel. Il va sans dire qu'ils se préoccupent fort peu, pour le choix de leur candidat, des besoins de la colonie. Une seule chose les intéresse : leur solde. C'est donc au candidat qui leur paraîtra le plus apte à leur faire obtenir des avantages sonnants et trébuchants qu'iront leurs voix. Si même — et cela s'est vu plusieurs fois — le candidat a été assez influent pour obtenir, avant son départ de France pour la colonie à la veille de l'élection, un bon petit décret d'augmentation de solde, de création d'une caisse d'assistance, d'amélioration de la retraite, etc., oh ! alors son élection est assurée, il n'a pas à faire de frais de réunions électorales ni à prononcer de grands discours, il arrive bon premier sans peine, les mains dans les poches.

Il n'est même pas toujours besoin d'un

décret améliorant le sort des fonctionnaires pour s'assurer de leurs voix, on y arrive aussi en s'assurant seulement le concours d'agents électoraux dans chaque service. Pour cela, l'appui de l'administration locale suffit. Celui qui, dans le mois ou la quinzaine qui précède les élections, peut faire étalage de son influence, qui fera donner de l'avancement à quelques-uns, obtenir de bons postes à d'autres et saura faire comprendre que, s'il est élu, il pourra rendre continuellement de petits services de ce genre, celui-là aussi sera assuré du succès. C'est en procédant ainsi que l'administration peut faire nommer, à son gré, tel candidat au lieu de tel autre. La majorité se porte toujours plus volontiers du côté du manche que du côté du balai et il suffit qu'on voie qu'un candidat est bien en cour auprès du Gouvernement, qu'il y est reçu fr[illegible]ment à dîner, qu'il sort dans les voitures que l'administration met gracieusement à sa disposition, qu'il est à tu et à toi avec de hauts fonctionnaires, pour qu'il puisse battre, haut la main, ses concurrents.

Les indigènes ne sont pas électeurs dans toutes les colonies. En Indo-Chine, ceux qui ont obtenu la naturalisation française jouissent, seuls, de leurs droits politiques; comme leur nombre est peu élevé, il n'a pas grand poids dans la balance électorale, et il n'y a pas lieu d'en tenir compte.

Il n'en est pas de même dans nos vieilles colonies; à La Martinique, La Guadeloupe, La Réunion, les indigènes ont droit de vote. Ces électeurs, en général peu ou point instruits, ignorant tout des questions économiques et politiques, votent sans comprendre la portée de leur acte et se laissent facilement influencer par quelques verres de tafia ; le marché électoral se tient sur la place publique et toutes les élections seraient invalidées si l'on voulait se montrer aussi rigoureux qu'en France sur ce chapitre.

Mais le bouquet revient de droit à l'Inde française, c'est là qu'on voit les élections les plus extraordinaires qu'il soit possible d'imaginer. Les établissements français de l'Inde, petits territoires enclavés dans l'Inde anglaise et sans valeur aucune, comptent à peine 1.000 habitants européens contre 300.000 indigènes. Les électeurs français, 500 à peine, sont donc complètement noyés par les 50.000 électeurs indigènes qui sont ainsi les maîtres des élections législatives et sénatoriales (1). Ces électeurs, qui, pour la plupart, ignorent même le nom des candidats, ne se donnent en général pas la peine d'aller voter; mais cela n'est pas nécessaire, l'on a soin de le faire pour eux et, s'il y a 50.000 électeurs, on trouve toujours, au dépouillement du scrutin, 50.000 bulletins de vote!

Il suffit pour être élu de s'entendre avec les agents électoraux; l'arrestation de leur grand chef a fait il y a peu de temps encore assez de bruit pour que je croie nécessaire d'insister. Ces mœurs électorales sont tellement connues qu'un Lemice-Terrieux colonial a fait un beau

(1) Grâce à l'appoint des électeurs indigènes l'Inde française, la moins importante de nos colonies, a un représentant au Sénat!

jour la plaisanterie de câbler en France le résultat d'une élection la veille du scrutin. Ce résultat s'est trouvé confirmé le lendemain, les chiffres n'avaient pas varié d'une unité !

On n'ignore pas en France ce qui se passe lors des élections dans l'Inde ; mais on en a tellement pris l'habitude qu'on n'y fait même plus attention et qu'on laisse impunément se perpétuer de pareilles mœurs électorales.

Il va sans dire que les inconvénients que je viens de signaler quant à la représentation de nos colonies au Parlement se reproduisent nécessairement pour les élections locales : conseils municipaux, conseils généraux, etc. Là encore les fonctionnaires dans certaines colonies, les chefs de file des électeurs indigènes dans d'autres, sont les maîtres de la situation; les intérêts de la colonie sont là aussi sacrifiés à des intérêts privés et l'on comprend que l'administration supérieure fasse quelquefois peu de cas des décisions de ces corps élus.

*
* *

Le remède à cet état de choses serait peut-être l'adoption aux colonies de la représentation proportionnelle mais, outre que ce système, très compliqué, n'est pas parfait non plus, il semble difficile que la France applique à ses colonies un régime autre que le sien. Je crois donc qu'il y a lieu de procéder plus simplement :

Dans nos colonies des Antilles et de la Réunion le mal est irrémédiable, il n'est pas possible de retirer aux indigènes des droits qu'on leur a accordés, trop hâtivement c'est certain, mais enfin sans retour en arrière possible. Dans l'Inde Française il n'y a rien non plus à faire, si ce n'est à échanger ces parcelles de territoire qui ne nous sont d'aucune utilité, mais qui gênent néanmoins les Anglais, contre une compensation quelconque : renonciation de l'Angleterre à ses droits sur le Siam, carte blanche au Maroc, etc.

En ce qui concerne nos colonies de possession plus récente, telles que l'Indo-Chine et Madagascar, il y aurait lieu :

1° De ne jamais y accorder de droits politiques aux indigènes ;

2° De se montrer très rigoureux en matière de naturalisation et de n'en accorder que le moins possible ;

3° D'augmenter la proportion entre le nombre des colons et celui des fonctionnaires en diminuant peu à peu le nombre de ces derniers et en favorisant réellement le commerce, l'industrie et l'agriculture.

Enfin la tendance générale de l'organisation économique et politique de nos colonies doit être d'arriver à leur accorder une autonomie presque complète; elles resteraient évidemment sous la suzeraineté de la métropole mais non sous son administration directe comme aujourd'hui. Les grandes colonies anglaises de l'Australie, des Indes, du Cap etc., sont ainsi régies et s'en trouvent fort bien.

## XVI

### LA POPULATION

Comme bien l'on pense, la population de nos colonies est très mélangée quant à l'origine de ses habitants et l'on y trouve des représentants de toutes les nations. Il serait évidemment préférable que les colonies françaises ne soient habitées que par des Français, mais il n'est pas possible de s'opposer à cet envahissement. Les conventions internationales nous obligent à admettre les étrangers, de même que, par réciprocité, nos nationaux peuvent aller se fixer en pays étranger ; malheureusement, le Français s'expatrie difficilement et il arrive que nous supportons les inconvénients de ces lois sans bénéficier des avantages : les étrangers viennent en grand nombre dans nos colonies mais nous n'allons pas dans les leurs. Notre tempérament casanier en est seul cause et il n'y a rien à faire à cela.

Toutefois, si nous ne pouvons pas empêcher les étrangers de prendre pied dans nos colonies, nous pouvons mettre un terme à l'abus qui se produit en matière de naturalisation. Si les étrangers européens demandant à adopter notre nationalité sont rares, par contre, les Chinois sont de jour en jour plus nombreux. Il est hors de doute qu'un fils du Céleste-Empire qui demande à être naturalisé français ne voit là qu'une formalité qui lui permettra d'avoir des droits qu'il n'a pas mais qu'il restera Chinois comme devant. Le nouveau « citoyen français » continuera comme par le passé à vivre dans le même milieu et pour rien au monde on ne le déciderait à faire couper sa natte. Il veut bien être Français pour la forme mais il entend rester Chinois au fond. J'ai même vu des Chinois qui avaient obtenu à Singapour la naturalisation anglaise et à Saïgon la naturalisation française :

> Je suis oiseau, voyez mes ailes,
> Je suis souris, vivent les rats.

Nos colonies n'ayant aucun besoin de ces êtres à double face, le devoir de l'administration serait de ne faire droit qu'exceptionnellement aux demandes de naturalisation de Chinois. Point n'est besoin pour cela de modifier les décrets en vigueur ; ceux-ci n'obligent pas l'administration à accorder la naturalisation chaque fois qu'elle est demandée, il faut que l'enquête faite sur le candidat soit favorable ; or, il suffit que l'enquête soit très sévère !

*
* *

Il y aurait lieu aussi de réagir contre l'envahissement de nos administrations par les noirs et les mulâtres. Je ne suis pas de ceux qui divisent l'espèce humaine en races supérieures et races inférieures — se classant bien entendu dans la première catégorie — mais si les noirs originaires de nos colonies ne visent qu'à devenir « fonctionnaires », je ne crois pas qu'il y ait lieu de satisfaire leur désir avec autant de facilité qu'on le fait aujourd'hui.

Ce n'est pas, que je sache, les noirs ou mulâtres de la Martinique, de la Guadeloupe ou d'ailleurs qui ont fait la campagne du Tonkin ou qui en ont payé les dépenses, et je ne vois pas pourquoi ils y accapareraient tous les emplois au détriment des Français de France qui sont, je crois, aussi intéressants qu'eux.

Que dans leur colonie d'origine on leur accorde une grande partie des situations administratives, soit, mais que l'on n'aille pas plus loin. Il ne faut pas être trop égoïstes mais il faut l'être assez ; c'est un rôle de dupe pour la France que d'avoir fait de si grands sacrifices en vue de la possession de l'Indo-Chine pour qu'en fin de compte l'administration y soit accaparée par les noirs et le commerce par les Chinois. Drôle de colonie « française ».

*
* *

Les indigènes, à l'encontre des étrangers, sont souvent traités avec trop peu d'égards et considérés comme gent taillable et corvéable à merci. Les impôts qui pèsent sur eux sont trop lourds, surtout en ce qui concerne les prestations. Celles-ci sont bien fixées en journées, mais bien des administrateurs, commettant ainsi de véritables abus de pouvoir, les transforment trop volontiers en une tâche qui double ou triple le nombre des journées de prestations.

Certains résidents abusent aussi, pour les motifs les plus divers, du système des réquisitions d'hommes. Il me souvient de l'un d'eux qui, admis à la retraite, réquisitionna *deux mille hommes* pour le transport de ses bagages de la ville qu'il habitait au port d'embarquement; d'un autre — meilleur chasseur qu'administrateur — qui n'hésitait pas, pour une partie de chasse, à réquisitionner les habitants d'une dizaine de villages comme rabatteurs, etc., etc.

C'est en frappant trop lourdement les indigènes d'impôts de toutes sortes et surtout en les appliquant avec brutalité, qu'on suscite le mécontentement des populations; de là à les amener à se révolter, il n'y a pas loin.

## XVII

### L'OPIUM

L'une des principales ressources financières de notre colonie d'Indo-Chine, consiste dans le bénéfice que lui donne la vente de l'opium.

Cette façon de « civiliser » un peuple en l'abrutissant n'est peut-être pas tout à fait d'accord avec la morale, mais l'administration ayant besoin de beaucoup d'argent pour payer ses trop nombreux fonctionnaires, ne se montre pas toujours très difficile sur le choix des moyens de s'en procurer.

Au Japon, la vente de l'opium est prohibée et toute personne coupable d'en avoir introduit est passible de la peine de mort. En Indo-Chine, c'est l'administration elle-même qui l'introduit : autres pays, autres mœurs !

On mène actuellement, en France, une campagne très vive contre l'alcool ; que diraient nos moralistes, défenseurs de la santé publique, s'ils voyaient les effets que produit l'usage de l'opium ?

Les adeptes de ce narcotique répondront évidemment que ce n'est pas l'usage mais l'abus de l'opium qui est dangereux ; ce serait assez vrai si l'usage n'entraînait toujours l'abus. Personne n'a commencé par fumer cinquante pipes d'opium par jour ; on débute par dix, puis vingt, trente, etc., c'est un entraînement fatal, auquel il est impossible de résister.

Les effets terribles de l'opium ont été trop souvent dépeints pour que je le fasse encore ; l'homme qui fume l'opium doit être considéré comme l'esclave de cette drogue et, quand vient pour lui l'heure de s'étendre sur le lit de camp pour aspirer la fumée opiacée, rien ne pourrait l'en empêcher. C'est chez lui un besoin violent, qui ne peut être différé et auquel il est incapable de résister; après avoir fumé, c'est au sommeil qu'il lui faut céder, un sommeil de plomb, duquel rien ne saurait le tirer. Il faut qu'il dorme un temps déterminé, comme il a fallu au préalable qu'il fume le nombre de pipes auquel il est habitué. Dans ces conditions, on comprend que celui qui s'adonne à cette funeste passion ne s'appartienne plus, c'est un esclave qui, à heure fixe, quittera tout pour aller sacrifier au dieu Opium.

L'aliénation de liberté qu'entraîne l'habitude de l'opium fait qu'il est très rare de voir un négociant ou un employé de commerce s'y adonner; seuls, ceux qui ont de longues heures de loisir s'y laissent entraîner, ce sont les fonctionnaires et les officiers. Je ne dis pas que tous fument, tant s'en faut heureusement, mais il y en a un assez grand nombre et c'est encore beaucoup trop.

Puisque l'administration, pour des raisons budgétaires, se voit dans la nécessité de se faire empoisonneuse de peuples, qu'au moins elle ait la pudeur de préserver ses fonctionnaires de ce terrible poison, et, pour y parvenir, il n'y a qu'un moyen : décider que ceux d'entre eux qui seront convaincus de se livrer à l'usage habituel de l'opium seront impitoyablement révoqués. Aux grands maux les grands remèdes; le Japon, par une mesure radicale, a su préserver son peuple de ce fléau, sachons, par une mesure radicale également, en préserver nos fonctionnaires et nos officiers.

Il serait même à désirer que la police française s'inquiétât un peu des fumeries d'opium qui existent à Paris, à Toulon et à Marseille et que les tribunaux punissent sévèrement les tenanciers, si l'on ne veut voir ce vice s'implanter en France.

## XVIII

### LE JEU

Le jeu est encore une des plaies de nos colonies, principalement en Indo-Chine où Chinois et Annamites sont aussi joueurs les uns que les autres.

Les jeux sont interdits, sauf pendant les fêtes du *Têt* (nouvel an). Il est assez difficile d'expliquer pourquoi le jeu, considéré comme démoralisant pendant

360 jours, est admis pendant les cinq autres! Cette tolérance permet aux Chinois de rafler en quelques jours des sommes considérables aux Européens et aux Annamites. Ces jours-là, les Chinois ne jouent pas, ils font jouer, ce qui leur rapporte beaucoup plus.

Le jeu le plus en vogue est le *ba-quan*, c'est un jeu fort simple et qui a, pour le tenancier, l'avantage d'aller très vite ; point de ces jeux comme les courses en France où l'on ne peut jouer que cinq ou six fois dans une journée, la partie de *ba-quan* dure à peu près cinq minutes et comme le croupier prélève dix pour cent sur les gains, on conçoit qu'après quelques jours tout l'argent des joueurs soit passé dans la poche du tenancier. J'ai vu des Chinois payer jusqu'à cinq mille francs d'indemnité à des propriétaires de café pour obtenir l'autorisation de faire jouer dans leur établissement pendant ces quelques jours de fête. Ce seul fait établit que les bénéfices qu'ils réalisent sont très élevés.

Si les fêtes du *Têt* sont particulièrement profitables aux Chinois tenanciers des jeux, elles sont, par contre, des plus funestes aux joueurs qui perdent souvent en quelques jours les économies péniblement amassées pendant plusieurs années. Les Annamites plus particulièrement y laissent, comme on dit, « jusqu'à leur dernière chemise », ils vendent leurs bijoux et portent au Mont-de-Piété tout ce qui est susceptible de donner lieu à un prêt. Comme ce sont toujours des Chinois qui tiennent les Monts-de-Piété, c'est encore un bénéfice indirect que leur procure le jeu.

Ces jours-là il est presqu'impossible de se faire servir, il n'y a plus dans les maisons ni boys, ni cuisiniers, ni cochers, tous sont au jeu ; on joue partout, dans les maisons, sur les trottoirs, dans les plus petits coins ; on joue au *ba-quan*, à la roulette, au baccarat, aux dés, aux petits chevaux, à tous les jeux imaginables ; les villes et villages sont transformés en de vastes maisons de jeu et c'est comme un vent de folie qui souffle pendant quelques jours, ruinant des milliers et des milliers de personnes. L'administration assiste placidement à ce scandale qui permet aux Chinois de s'enrichir en quelques jours au détriment des Français et des Annanites.

J'ai dit qu'en dehors des fêtes du *Têt* les jeux étaient interdits en Indo-Chine, cela ne veut pas dire qu'on ne joue pas mais seulement qu'on est obligé de prendre certaines précautions. On joue néanmoins beaucoup et le nombre des maisons de jeu est très élevé. S'il y avait une police sérieuse, le nombre en diminuerait rapidement; mais il n'y a pas de police sérieuse. Les agents indigènes n'ignorent pas où se trouvent les maisons de jeu mais ils ferment les yeux... tout en ouvrant la main. C'est pourquoi l'on voit des femmes d'agents de police couvertes d'or alors que la solde d'un agent indigène est de trente à quarante francs par mois!

Les Chinois, ai-je expliqué plus haut, sont les seuls tenanciers des jeux pendant les fêtes du *Têt*, il y a là un très gros bénéfice à réaliser et ils ne manquent pas de le faire, mais en dehors de ces quelques jours ils sont, eux aussi, très joueurs.

A maintes reprises ils ont demandé, en échange d'une très forte redevance, à ouvrir des cercles privés où le jeu serait autorisé. Ces cercles, comme ceux qui existent dans toutes les villes de France, auraient été fermés, seuls les Chinois patentés y auraient été admis et la police aurait pu y exercer une surveillance continuelle. L'administration s'est toujours refusée à accorder cette autorisation ; elle est morale à ses heures, il ne lui répugne pas de vendre de l'opium et d'abrutir tout un peuple, il lui est indifférent de voir les Chinois ruiner des milliers d'individus pendant les fêtes du *Têt*, mais quand ces mêmes Chinois viennent lui offrir une très forte somme pour jouer entre eux, sans causer de préjudice à qui que ce soit, l'administration se drape dans sa dignité et ne veut rien entendre. C'est là une moralité ridicule et un préjudice causé au budget sans raison.

Est-ce que l'administration française se gêne pour encaisser chaque année les millions que lui rapportent les courses et les casinos de villes d'eaux !

# XIX

## LA VIE AUX COLONIES

Il serait temps de couper un peu les ailes à cette légende qui, aujourd'hui encore, a cours en France sur « la vie large des colonies ».

Il est certain qu'autrefois la vie coloniale était, sinon la vie large, du moins la vie facile, moins terre-à-terre que la vie de France. La domesticité était à très bas prix, la nourriture aussi, les loyers étaient fort abordables, les chevaux pour rien, les frais de toilettes insignifiants. Pour toutes ces raisons, celui qui avait des appointements moyens pouvait avoir sa petite maison, ses domestiques, son cheval et sa voiture. Il n'y avait pas de théâtres, ou bien alors ceux-ci étaient à l'état primitif ; l'extrême rareté des femmes françaises faisait qu'il n'y avait pas de bals, pas de réceptions, partant pas de toilettes, pas de frais. Les employés ou fonctionnaires n'ayant qu'une solde peu élevée se réunissaient à trois ou quatre et vivaient « en popote ». Ils partageaient les frais de maison et arrivaient ainsi à vivre confortablement sans pour cela être entraînés à de grosses dépenses. C'était la vie à la bonne franquette, en camarades n'ayant pas à se gêner l'un pour l'autre, la vie de garçon.

Il n'en est plus de même aujourd'hui, et la vie coloniale s'est tellement transformée que le moment approche où la lutte pour la vie sera aussi dure aux colonies qu'en France et où l'on aura en plus les inconvénients du climat et de l'éloignement.

Un vieux proverbe dit qu'il ne faut jamais « cracher en l'air, de crainte que ça ne vous retombe sur le nez. » C'est un peu ce qui est arrivé aux colonies : on a frappé l'indigène d'impôts de toutes sortes et c'est le consommateur qui en supporte les conséquences. Le boy qui travaillait pour trois piastres par mois en demande aujourd'hui quinze, le poulet qui se vendait cinq sous en vaut trente, le loyer qui se payait cent francs en vaut trois cents.

Les appointements n'ayant pas augmenté dans les mêmes proportions, il s'en suit qu'il n'est plus possible de vivre aujourd'hui avec le même confort qu'autrefois.

Le genre de vie a subi aussi une transformation complète par suite de l'arrivée de la femme française. Les coloniaux, qui étaient autrefois tous célibataires, se marient maintenant en grand nombre et leurs frais se trouvent considérablement augmentés ; au lieu d'une personne c'est deux, trois ou quatre qu'il faut nourrir, vêtir, soigner, etc. Il faut s'habiller avec plus de soin que jadis, conduire sa femme au théâtre, au bal, recevoir quelques amis, etc. Tout cela fait que le budget d'un colonial de classe moyenne devient de plus en plus difficile à équilibrer et que pour les tout petits fonctionnaires ou employés, le problème devient on ne peut plus difficile à résoudre. On voit maintenant de petits ménages obligés de se passer de domestiques, faire leur marché et leur cuisine eux-mêmes et « tirer des plans sur la comète » pour arriver à la fin du mois.

La vie large existe encore pour les hauts fonctionnaires, mais elle n'existe plus que pour eux. Ces derniers n'ont presque pas eu à souffrir du renchérissement de la vie, ils sont logés très confortablement par l'administration, ont — également au compte de *la princesse* — chevaux et voitures à profusion, leurs domestiques sont payés sous le nom de plantons, matelots, coolies, etc., et pour eux c'est toujours « la vie large des colonies ».

La vie aux colonies françaises est aussi beaucoup plus mal organisée que dans les colonies anglaises; l'Anglais a le culte du « home » et tient avant tout à être confortablement installé. Commerçant ou fonctionnaire, il travaille de neuf heures du matin à quatre heures du soir, avec une demi-heure pour aller, à une heure, manger sur le pouce un bifteck, des œufs et boire un verre d'eau. Mais aussi, à quatre heures il prend sa voiture, sa bicyclette ou le train et rentre dans son « cottage », car l'Anglais n'a jamais que ses bureaux en ville, il habite toujours la campagne. Rentré chez lui il se livre aux sports les plus variés jusqu'à l'heure du dîner, cela lui permet d'entretenir l'élasticité de ses muscles, de conserver l'appétit et de se bien porter où le Français tomberait malade.

Nous vivons de tout autre façon dans nos colonies. Le Français habite en ville où il est toujours logé étroitement, il se rend à son bureau à sept ou huit heures, y reste jusqu'à dix, va prendre son apéritif, déjeûner et faire la sieste. Il se lève à deux heures, la tête lourde d'avoir dormi pendant la grosse chaleur, et rentre à trois heures à son bureau d'où il sortira à cinq heures. Un tour de voiture, l'apéritif, le dîner et, s'il ne sort pas encore le soir pour aller au théâtre ou ailleurs, voilà sa journée passée. Il n'a pas travaillé énormément, il a passé beaucoup de temps à table, au café et au lit, mais n'a pas consacré seulement un quart d'heure aux exercices physiques. A ce régime il ne tarde pas à se déprimer, l'anémie s'empare de lui et toutes les maladies qui en résultent. Les commerçants, qui ont une vie beaucoup plus active que les fonctionnaires, se portent généralement mieux et les quelques rares personnes qui s'adonnent aux sports dans nos colonies témoignent par leur état de santé que l'ennemi le plus dangereux du colonial est la nonchalance.

L'administration rendrait le plus grand service aux coloniaux en modifiant les heures de bureau et en encourageant les sociétés sportives.

De l'action, peu d'apéritifs et pas d'excès de table, c'est le seul moyen de se bien porter aux colonies.

## XX

### CONCLUSION

En écrivant ce livre, j'ai cru faire un travail utile, susceptible de faire connaître en France nos colonies telles qu'elles sont, et destiné à appeler l'attention sur des réformes qui s'imposent.

Les questions coloniales ont déjà fait couler beaucoup d'encre et pourtant, quand on y regarde d'un peu près, on s'aperçoit bien vite qu'il est rare qu'elles aient été traitées par de véritables coloniaux.

Il existe en France un très grand nombre de chauds partisans des questions coloniales, qui en parlent à tout propos, pondent article sur article, livre sur livre. Ils sont attachés plus ou moins à la rédaction d'un journal ou d'une revue coloniale, font partie de sociétés coloniales, assistent à quantité de banquets coloniaux, arborent des décorations coloniales mais n'ont qu'un léger défaut : celui de n'être jamais allés aux colonies !

C'est ce qu'on appelle les « coloniaux en chambre ». Ils sont, à mon avis, pour nos colonies, des amis plus dangereux que des ennemis. Certains d'entre eux ne voient, dans le dévouement à la cause coloniale dont ils font étalage, qu'un moyen d'obtenir une situation, et il faut reconnaître qu'il en est pas mal à qui ce moyen ait réussi. Les autres sont bien intentionnés mais, comme rien n'est plus dangereux qu'un maladroit ami, ils parlent des questions coloniales comme un aveugle des couleurs et les résultats qu'ils obtiennent sont plus souvent funestes qu'heureux pour les colonies.

A côté des « coloniaux en chambre » il est des gens qui, ayant fait un voyage de quelques mois en Indo-Chine, à Madagascar ou à la Nouvelle-Calédonie, se croient tenus d'écrire un récit de leur voyage.

Ils sont convaincus qu'ils viennent de « découvrir » nos colonies et, nouveaux Tartarins, se prennent eux-mêmes pour d'intrépides explorateurs, venant d'affronter les pires dangers. On trouve dans ces livres les récits les plus extraordinaires, les erreurs les plus grossières : une gravure, représentant un Chinois se promenant la pipe à la bouche, porte gravement : « Chinois fumant l'opium », un de ces auteurs suspend son hamac aux branches d'un ananas en fleur, un autre voit les coloniaux passant leurs journées *et leurs nuits* à se confectionner d'épaisses purées d'absinthe, tous prennent Le Pirée pour un homme et écrivent si sérieusement les choses les plus abracadabrantes que les véritables coloniaux ne peuvent que se tordre de rire ou hausser les épaules.

A côté des publications officielles qui montrent nos colonies sous un tout autre jour que le vrai, on voit fréquemment paraître des articles ou des livres officieux, ils ont la même valeur que les publications officielles et les renseignements qu'ils fournissent sont puisés aux mêmes sources. Les uns et les autres pourraient être mis dans le même sac avec l'étiquette : « Faux Renseignements ».

Enfin les journaux de France ne peuvent publier que des articles provenant soit d'extraits de journaux coloniaux, plus ou moins indépendants, soit de correspondants occasionnels, connaissant peu ou prou les colonies. Bien rares sont les journaux qui ont un rédacteur spécialement chargé de traiter les questions coloniales et, pour ceux qui en ont un, c'est un rédacteur quelconque, n'ayant jamais quitté la France et auquel on a confié la rubrique « colonies » comme on aurait pu lui confier les courses ou les théâtres. J'ai vu tout dernièrement un journal illustré donnant la photographie de « la reine du Cambodge ». Or, ce portrait, datant d'au moins trente ans, est celui de la mère du roi Norodom, morte il y a une quinzaine d'années!

A ces publications plus ou moins fantaisistes, j'ai cru devoir opposer un livre sincère. Il se peut que certains passages semblent assez durs, mais il n'en est pas un qui ne soit vrai. Je n'ai rien exagéré, rien poussé au noir, j'ai évité le scandale en ne citant pas un seul nom, alors que j'aurais pu le faire, j'ai négligé volontairement les questions de personnes pour ne voir que les questions d'ordre général.

A ceux qui me reprocheraient d'avoir fait œuvre anti-coloniale, je répondrai que je crois au contraire avoir fait une œuvre coloniale et que je trouve préférable de dire la vérité, de montrer nos colonies sous leur vrai jour, dût leur réputation en souffrir un peu.

En écrivant que la mortalité est très élevée aux colonies, vous empêcherez nos jeunes gens de s'y rendre, me dira-t-on. Erreur, je n'empêcherai de partir que les peureux. A ceux-là, qui tiennent avant tout à l'existence, qui voudraient bien aller aux colonies mais à la condition de ne pas y courir plus de risques qu'en France, je répondrai : restez chez vous, les colonies ne sont pas faites pour vous, vous n'êtes pas faits pour elles.

J'ai la conviction d'être autant que quiconque partisan de l'expansion coloniale. La France est aujourd'hui trop petite pour ses enfants, sa consommation est trop faible pour assurer l'écoulement de sa production; telle usine qui, il y a cinquante ans, produisait 1, produit 100 aujourd'hui, il nous faut des marchés nouveaux, une clientèle nouvelle. Seules les colonies peuvent nous les fournir et bien coupable serait la nation qui négligerait cet important facteur.

La guerre de demain ne sera pas une guerre à coups de fusil, mais une guerre à coups de balles de tissus; la guerre qui tue les hommes a vécu, la guerre qui tue les nations commence.

Le XX$^{e}$ siècle sera le siècle de la conquête du monde par le commerce et par l'industrie.

A la France de dire si elle veut prendre part à ce grand tournoi, conserver son rang dans le monde ou disparaître à jamais.

# TABLE DES MATIÈRES

Imprimerie BUSSIÈRE. — Saint-Amand (Cher).

# A LA MÊME LIBRAIRIE

## Derniers Ouvrages parus :

G. ABEL. — *Le Labeur de la prose.* Un vol. in-16. Préface de M. Camille LEMONNIER. . . 3 50

F. AUBIER. — *Hors de l'envoûtement,* roman. Un vol. in-16. 3 50

S. BASSET. — *Comme jadis Molière.* roman. Un vol. in-16. . 3 50

J.-W. BIENSTOCK. — *Tolstoï et les Doukhobors,* faits historiques. Un vol. in-16 . . . . 3 50

B. BJORNSON. — *Au delà des forces,* 1re et 2e parties. Un vol. in-16. . . . . . . . . . . 3 50

— *Le Roi,* dra. en 4 act. — *Le Journaliste,* drame en 4 act. Un vol. in-16. . . . . . . . . 3 50

E. BOURGES. — *Le Crépuscule des Dieux,* roman. Un vol. in-16. . . . . . . . . . . . . . 3 50

BRANDÈS. — *Le Grand Homme.* Origine et fin de la civilisation. Une brochure in-16. . 1 »

BRIEUX. — *Les Avariés,* pièce en 3 actes. Un vol. in-16 . . 3 50

— *La Petite amie,* pièce en 4 actes. Une broch. in-16 . . . 2 »

H. DE BRUCHARD. — *La Fausse gloire,* roman. Un vol. in-16. 3 50

L. COMPAIN. — *L'un vers l'autre,* roman. Un vol. in-16. . 3 50

CORRE. — *Nos Créoles.* Un volume in-16 . . . . . . . . . 3 50

G. DARIEN. — *La belle France.* Un vol. in-16. . . . . . . . 3 50

E. DEGRAVE. — *Le Bagne.* Un vol. in-16. . . . . . . . . . 3 50

L. DESCAVES. — *La Colonne,* roman. Un vol. in-16. . . . . 3 50

G. DORYS. — *Abdul-Hamid intime.* Un volume gr. in-18, illustré. . . . . . . . . . . . 3 50

ESQUIROL. — *Cherchons l'hérétique !* roman. Un vol. in-16. 3 50

P. L. GARNIER. — *La Terre éternelle,* roman. Un vol. in-16. 3 50

J. GRAVE. — *Les Aventures de Nono,* roman. Un vol. in-16, illustré . . . . . . . . . . . 3 50

— *Malfaiteurs !* roman. Un vol. in-16. . . . . . . . . . . . 3 50

GUY-VALVOR. — *La Jérusalem nouvelle,* roman. Un volume in-16 . . . . . . . . . . . . 3 50

J.-K. HUYSMANS. — *L'Art moderne,* nouvelle édition. Un vol. in-16. . . . . . . . . . 3 50

— *De Tout.* Un vol. in-16 . . . 3 50

— *L'Oblat,* rom. Un vol. in-16. 3 50

KROPOTKINE. — *Autour d'une vie,* mémoires. Un volume in-16. . . . . . . . . . . . 3 50

L. LAMARQUE. — *Un An de caserne.* Un vol. in-16, préface de M. Octave MIRBEAU. . . . 3 50

Ed. LEBLANC. — *Contes insidieux.* Un vol. in-16. . . . 3 50

M. GUGUET. — *L'Indécente,* roman. Un vol. in-16. . . . . 3 50

L. LUMET. — *Le Chaos,* roman. Un vol. gr. in-18. . . . . . 3 50

A. MONNIER-VISSOCQ. — *Flirts.* Un vol. in-32 . . . . . . . . 2

G. NIGOND. — *Contes de la Limousine.* Un vol. in-32, préface de Mme SÉVERINE. . . . . 2

REEPMAKER. — *Carlo Lano,* roman. Un vol. in-16. . . . . 3 50

— *Emma Beaumont,* roman. Un vol. in-16 . . . . . . . . . 3 50

E. DE SAINT-AUBAN. — *L'idée sociale au théâtre.* Un vol. in-16. . . . . . . . . . . . . 3 50

Cte L. TOLSTOÏ. — *Paroles d'un homme libre.* Un vol. in-16. . 3 50

— *Les Rayons de l'aube.* Un vol. in-16. . . . . . . . . . . . . 3 50

Imprimerie Générale de Châtillon-sur-Seine. — A. PICHAT.

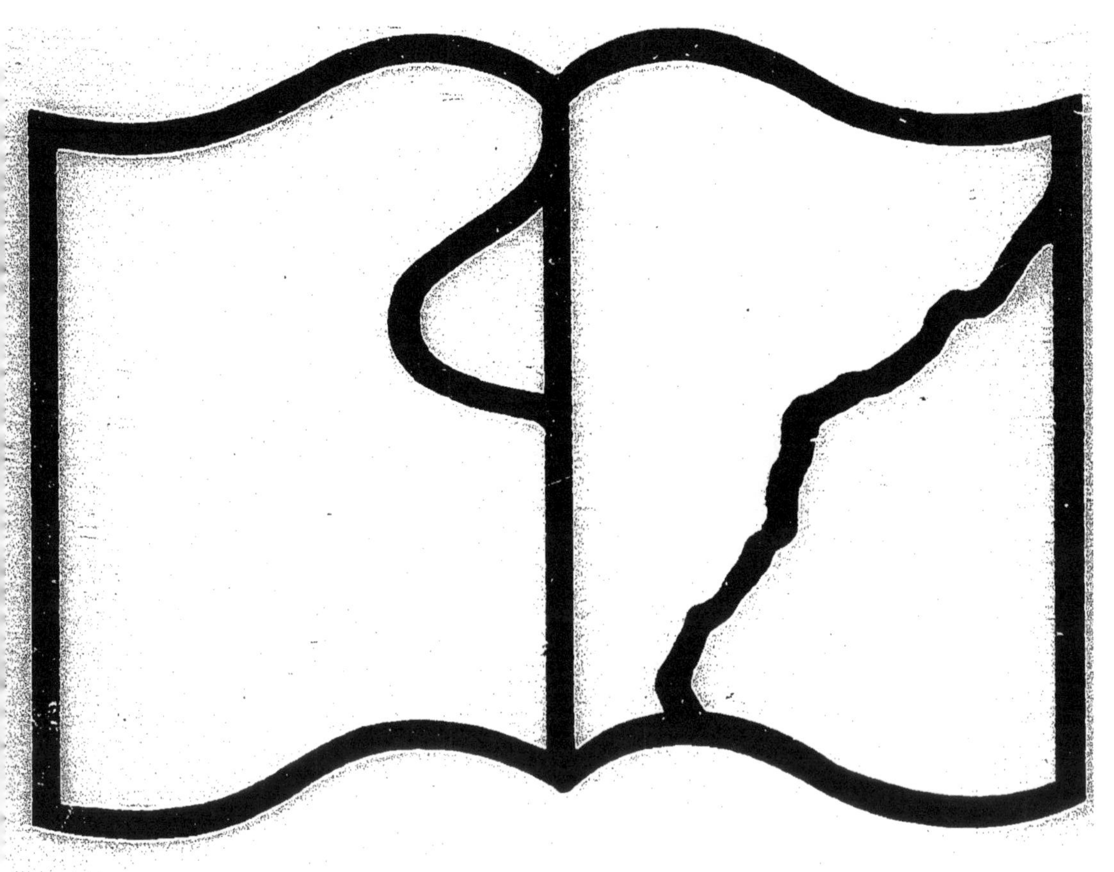

Texte détérioré — reliure défectueuse

**NF Z 43**-120-11

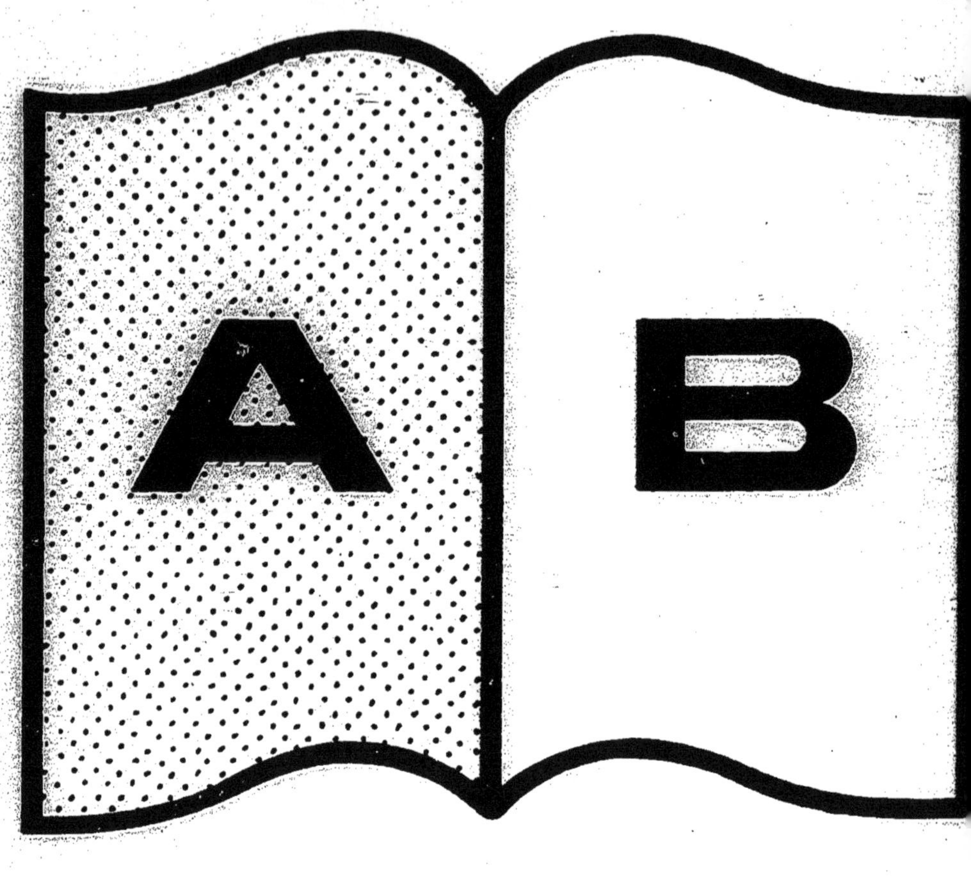


Contraste insuffisant

**NF Z 43**-120-14

www.ingramcontent.com/pod-product-compliance
Ingram Content Group UK Ltd.
Pitfield, Milton Keynes, MK11 3LW, UK
UKHW020109200726
13856UKWH00002B/452

9 782013 360708